AF186262

Alicia Benke
Sonja Domes
Claudia Fixemer
Marlene Meyer
Liubou Rudziak
Dr. Andrea Warnke

Deutsch intensiv

Deutsch für die Pflege B2

Das Training für den Beruf.

herausgegeben von
Prof. Dr. med. Eva-Maria Bitzer,
Prof. Dr. phil. Gabriele Kniffka

 Alles Digitale zu diesem Buch kann auf der Lernplattform
allango von Ernst Klett Sprachen abgerufen werden. So geht's:

QR-Code scannen oder **www.allango.net** aufrufen	Buchtitel oder ISBN in der Suche eingeben und auf das Buchcover klicken	Zum Inhalt navigieren, direkt abrufen oder speichern

Ernst Klett Sprachen
Stuttgart

Wir danken Elisabeth Bauermann (Pflegepädagogin B.A.), Regensburg, für die fachliche Beratung.

1. Auflage   7 | 2026

Autorinnen: Alicia Benke, Sonja Domes, Claudia Fixemer, Marlene Meyer, Liubou Rudziak, Dr. Andrea Warnke

Herausgeberinnen: Prof. Dr. med. Eva-Maria Bitzer, Prof. Dr. phil. Gabriele Kniffka

Redaktion: Stefanie Plisch de Vega
Layoutkonzeption: Greta Gröttrup
Gestaltung und Satz: Datagroup Int., Timişoara
Umschlaggestaltung: Sabine Kaufmann
Druck und Bindung: Salzland Druck, Staßfurt

Printed in Germany
ISBN 978-3-12-675207-7

Liebe Lernende, liebe Kursleitende,

dieser Trainer richtet sich an ausgebildete Pflegekräfte im In- oder Ausland, die in Deutschland in der Pflege arbeiten und ihre Sprachkenntnisse auf dem Weg zu B2 trainieren wollen.

Sieben Kapitel begleiten verschiedene Pflegekräfte in ihrem beruflichen Alltag im Krankenhaus und Pflegeheim. Jedes Kapitel hat eine umfassendere Pflegesituation (z. B. Aufnahme im Krankenhaus, Wundversorgung, ein Patient mit einem spezifischen Krankheitsbild, Hygiene oder Körperpflege im Pflegeheim) zum Thema und zeigt in den Unterkapiteln mehrere Kommunikationssituationen und Pflegehandlungen, die damit verbunden sind. Sie hören und lesen, wie die Pflegekräfte in den verschiedenen (Pflege-)Situationen mündlich oder schriftlich kommunizieren und welche Sprachstrukturen sie dafür verwenden. Diese Sprachstrukturen werden dann aufgegriffen, kurz erklärt und geübt. Da viele der Situationen auf einem Sprachniveau unter B2 bewältigt werden, finden Sie auch Tipps und Übungen zu solchen Strukturen im Trainer. So wiederholen Sie Ihre Sprachkenntnisse und trainieren sie in handlungsbezogenen Aufgaben mit einem realistischen Hintergrund. Gleichzeitig erfahren Sie viel über die Pflege in Deutschland und erlangen Wissen, das Ihnen bei der Kenntnisprüfung weiterhelfen kann.

Der Trainer hat keine Progression hinsichtlich Wortschatz und Grammatik. Die Inhalte ergeben sich aus den Pflegehandlungen, den Gesprächen zwischen den Pflegekräften und anderen Gesprächspartnern bzw. aus den schriftlichen Materialien.
Als Selbstlerner können Sie Ihre Lösung der Aufgaben mit den Lösungen am Ende des Buchs vergleichen und korrigieren. Wenn Sie den Trainer ergänzend im Unterricht verwenden, können Sie noch weitere Sprachstrukturen, Wortschatz oder pflegerische Inhalte in dem gezeigten Material finden, aufgreifen und thematisieren.
Sie können die Kapitel nacheinander oder in einer beliebigen Reihenfolge (modular) bearbeiten. Es empfiehlt sich, mit dem ersten Kapitel anzufangen, denn dort werden die handelnden Personen und deren Arbeitswelt vorgestellt.

Das Inhaltsverzeichnis hilft Ihnen bei der Auswahl der Themen. Die Lösungen zu den Aufgaben finden Sie hinten im Buch. Außerdem helfen Ihnen folgende Symbole weiter:

   Hier müssen Sie etwas hören. Die Nummer gibt an, welcher Track zu der Aufgabe gehört. Die Audios und Transkriptionen sind digital verfügbar (siehe Seite 1).

   Hier erhalten Sie einen Tipp.

   Hier erhalten Sie einen Tipp zur Grammatik.

   Hier müssen Sie etwas nachsprechen oder erhalten einen Tipp zur Aussprache.

Viel Erfolg beim Lernen und für Ihren beruflichen Alltag wünschen Ihnen

Autorinnen, Herausgeberinnen und Ihr Ernst Klett Sprachen Verlag

Inhalt

A **In der Pflege arbeiten** 7

1 **Krankenhaus und Altenheim** 7
1 Arbeitsorte 7

2 **Im Krankenhaus Neustadt-Mitte** 8
1 Stationen im Krankenhaus 8
2 Pflegekräfte auf Station 8

3 **In der Altenpflege** 9
1 Bereiche in der Altenpflege 9
2 Angehörige 9

4 **Eine Ausbildung in der Pflege machen** 10
1 Bezeichnungen in den Arbeitsbereichen 10

5 **Im Altenheim am Park** 11
1 Willkommen im Team 11

6 **Gespräche in der Pflege** 12
1 Typische Gesprächssituationen 12
2 Die passende Ansprache 13
(feste Verbindungen Adjektiv + Präposition)

B **Aufnahme auf Station** 14

1 **Ein Aufnahmegespräch** 14
1 Ein pflegerisches Aufnahmegespräch führen 14
2 Patientenangaben notieren 14
3 Ausschnitte aus einem Anamnesebogen 15
4 Wichtige Wörter: Hilfsmittel 16
5 Fachwörter erklären 17
6 Feste Wendungen 17
7 Fragen formulieren 18
8 Fragen richtig stellen 19

2 **Abläufe auf der Station** 20
1 Über den Tagesablauf informieren 20
2 Richtige Zeitangaben machen 21
3 Termine erklären 21
4 Häufige Tätigkeiten von Pflegekräften 22

3 **Orientierung im Krankenhaus** 23
1 Orte im Krankenhaus: Ein Wegweiser 23
2 Orte richtig aussprechen 24
3 Orts- und Richtungsangaben machen 24
(Feste Wendungen mit Präpositionen, W-Fragen und Ja/Nein-Fragen, temporale Präpositionen
und ihre Stellung im Satz, Orts- und Richtungsangaben)

C **Wunden und Schmerzen** 26

1 **Übergabe am Morgen** 26
1 Über Patienten berichten 26

2 **Die Morgenrunde** 26
1 Tätigkeiten bei der Morgenrunde planen 27
2 Fakten oder Vermutungen ausdrücken 28
3 Versprechen ausdrücken 29

3 **Schmerzen** 30
1 Eine Messskala verstehen und erklären 30

2 Beim Morgenrundgang: Nach dem Befinden fragen 31

3 Schmerzbeschreibungen verstehen 31

4 Über Schmerzen sprechen 32

5 Schmerzen dokumentieren 33

4 Wundversorgung **34**

1 Wichtige Wörter: Materialien für die Wundversorgung 34

2 Auf die Wundversorgung vorbereiten 35

3 Die Wundversorgung durchführen 36

4 Einen Merkzettel schreiben 37

5 Die Wunde beschreiben 37

6 Wichtige Wörter: Wunden beschreiben 38

7 Wunden dokumentieren 39

8 Mit dem Arzt sprechen 39

(Futur I, Modalangaben,Partizip I als Adjektiv)

D Ein Patient mit Lungenödem   **40**

1 Diagnose und Diagnostik **40**

1 Mit Angehörigen sprechen 40

2 Eine Diagnose nennen und erklären 40

3 Wichtige Wörter 41

4 Schwierige Wörter richtig aussprechen 41

5 Patienten Zusammenhänge und Folgen erklären 42

2 Werte messen und dokumentieren **44**

1 Eine Patientenkurve lesen und verstehen 44

2 Vitalzeichen messen 45

3 Vitalzeichen dokumentieren 45

4 Arbeitsergebnisse beschreiben 46

5 Wichtige Wörter 47

6 Über die Vitalzeichen der Patienten berichten 47

3 Flüssigkeitsbilanzierung **48**

1 Die Trinkmengenbeschränkung erklären 48

2 Das Ziel einer Maßnahme darlegen 48

3 Sammelurin: Ein Quiz 50

4 Eine diagnostische Maßnahme vorbereiten 50

(Konsekutivsätze, Zustandspassiv, Adjektive: prädikativ, attributiv, -endungen, Finalsätze, Negation)

E Hygiene   **53**

1 Achtung Infektion **53**

1 Kollegen informieren 53

2 Wichtige Wörter: Schutz vor Ansteckung 53

3 Patienten informieren 54

4 Zeitliche Zusammenhänge angeben 55

2 Besucher informieren **56**

1 Wichtige Wörter: Händedesinfektion 56

2 Ein Warnschild schreiben 56

3 Die Hygienische Händedesinfektion erklären 56

3 Fragen zur Händehygiene klären **58**

1 Kollegen fragen 58

2 Fragen höflich stellen 58

3 Höflich sprechen 59

4 Mundhygiene **60**

1 Wichtige Wörter: Mundhygiene 60

2 Ein Gespräch bei der Mundhygiene führen 60

3 Pflegemaßnahmen dokumentieren 61

4 Beim Arzt anrufen 62

(kausale, finale und temporale Nebensätze, Imperativ, direkte und indirekte Fragen, Partizip II)

F **Körperpflege** **63**

1 **Die Übergabe verstehen** **63**

1 Informationen über die Körperpflege 63

2 Wichtige Wörter: Körperteile 64

3 Intimbereiche 64

4 Prophylaxen: Ein Quiz 65

2 **Die Morgenpflege organisieren** **66**

1 Aufgaben bei der Morgenpflege 66

2 Aufgaben aufteilen 68

3 **Die Körperpflege durchführen** **69**

1 Ein Gespräch vor dem Duschen führen 69

2 Informationstext über Körperpflege 70

3 Ein Gespräch beim Duschen führen 71

4 Über Pflegemittel sprechen 71

5 Die Wäsche im Bett durchführen 72

6 Wichtige Wörter: Materialien zur Unterstützung bei Harninkontinenz 73

7 Über Probleme sprechen 73

4 **Die Übergabe am Mittag vorbereiten** **74**

1 Pflegehandlungen notieren und darüber sprechen 74

(Passiv Präsens, höfliche Anweisungen im Konjunktiv II, Verben mit festen Präpositionen, Deklination, Pronominaladverbien, Passiv Präteritum)

G **Pflegebedürftigkeit** **75**

1 **Kurzzeitpflege im Heim** **75**

1 Ein Anliegen von Angehörigen verstehen 75

2 **Über Pflegebedürftigkeit sprechen** **76**

1 Eingeschränkte Selbstversorgung beschreiben 76

2 Einen Pflegebedarf benennen 78

3 **Zum Antrag auf Pflegegrad beraten** **80**

1 Wichtige Wörter 80

2 Empfehlungen formulieren 80

3 Empfehlungen richtig aussprechen 81

4 Die Abfolge eines Antrags auf Pflegegrad beschreiben 82

4 **Weiterführende Informationen erklären** **83**

1 Fragen von Angehörigen verstehen 83

2 Eine Grafik zur Begutachtung von Pflegebedürftigkeit erklären 84

5 **Auf das Einstufungsgespräch vorbereiten** **85**

1 Der Fragebogen zur Selbsteinschätzung: Kriterien und Bewertung 85

(Infinitivkonstruktionen, Nominalisierung von Verben und Adjektiven, Verben mit zwei Objekt-Ergänzungen, Stellung von Temporaladverbien im Satz)

Übersicht: Deklination von Adjektiven **87**

Lösungen **88**

1   Krankenhaus und Altenheim

1   Arbeitsorte

a   Wo sind die Personen: im Krankenhaus oder im Altenheim? Ordnen Sie zu.

 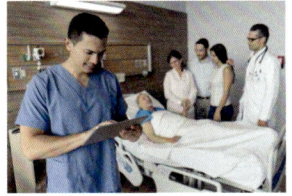  

Altenheim _____   _____   _____   _____

b   Wie nennt man das Krankenhaus und das Altenheim noch? Sortieren Sie die Benennungen.

> die Seniorenresidenz • das Hospital • das Altersheim • die Klinik • die Pflegeeinrichtung •
> das Pflegeheim • das Seniorenheim • das Klinikum • das Seniorendomizil • die Senioreneinrichtung

das Krankenhaus

_____

_____

_____

das Altenheim

_____

_____

_____

_____

_____

_____

c   Wo können Pflegekräfte auch arbeiten? Trennen Sie die Wörter und sortieren Sie dann.

AMBULANTERPFLEGEDIENSTARZTPRAXISBERATUNGSSTELLE
GESUNDHEITSZENTRUMFACHKLINIKSOZIALSTATION
PFLEGEEINRICHTUNGHOSPIZ

Ich arbeite als Pflegekraft …

bei einem _____

bei einer _____

in einer _____

in einem _____

TIPP
Ⓖ

Achten Sie auf den Kasus: Wo? → Dativ
und das Genus: einem → Maskulin / Neutrum
         einer → Femininum
in + (geschlossene) Räume / Gebäude

2 Im Krankenhaus Neustadt-Mitte

1 Stationen im Krankenhaus

a Welche Wörter bezeichnen dasselbe? Verbinden Sie.

Pädiatrie	Herzmedizin	Nephrologie	Altersmedizin
Kardiologie	Nervenheilkunde	Geriatrie	Gefäßmedizin
Gynäkologie	Frauenheilkunde	Pneumologie	Nierenheilkunde
Neurologie	Kinderheilkunde	Angiologie	Lungenheilkunde

TIPP Für die Bezeichnung der Stationen und Fachbereiche werden entweder die aus dem Lateinischen / Griechischen stammenden Termini oder die deutschen Bezeichnungen verwendet.

b Welche Stationen gibt es im Krankenhaus Neustadt-Mitte in Haus 1?
Vergleichen Sie mit dem Wegweiser auf Seite 23 und ergänzen Sie.

Station 1A: _____

Station 2A: _____ Station 2B: _____

Station 3A, Innere 1: _____

_____, Innere 2: _____

2 Pflegekräfte auf Station

1 **a** Auf welcher Station arbeiten diese Pflegekräfte? Hören und ergänzen Sie die Station.

  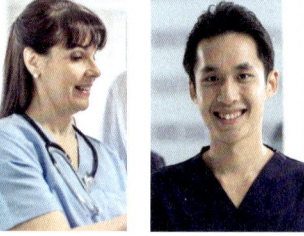 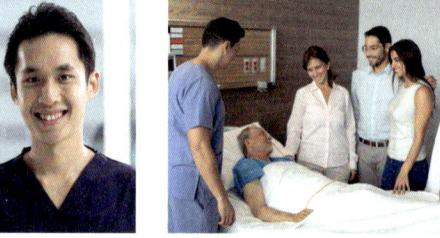

1. Judith arbeitet auf der _____ischen Station.

3. Petra, Maryam und Phat haben Dienst auf der _____.

2. Stefano ist Pfleger auf der _____ischen Station.

2 **b** Hören Sie das Gespräch: Wie heißen die Personen?
Kreuzen Sie an. Ergänzen Sie dann die Namen im Gespräch.

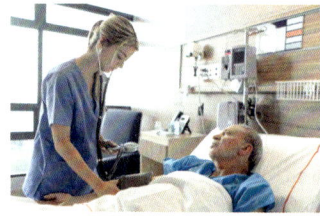

○ Elena ○ Helena ○ Milena ○ Herr Gaja ○ Herr Kay ○ Herr Kaya

○ Stefano ○ Stefan ○ Steffen

◉ Jetzt wird Ihnen Schülerin _____ erst noch einmal Blutdruck, Puls, Temperatur und die Sauerstoffsättigung messen. In Ordnung, _____?

◉ Ja, machen Sie nur, _____.

◉ _____, denke daran, danach auch noch in den anderen Zimmern zu messen, ja?

○ Alles klar, _____, mache ich.

TIPP Pflegekräfte sprechen sich oft mit „du" und dem Vornamen an. Patienten werden gesiezt und mit Herr / Frau + Nachname angesprochen. Patienten sprechen die Pflegekräfte mit dem Vornamen an und siezen.

3   In der Altenpflege

1   Bereiche in der Altenpflege

a   Welche Bereiche gibt es in der Altenpflege? Lesen Sie die Beschreibungen und ordnen Sie zu.

> Ambulante Pflege / Pflegedienst • Altenheim / Pflegeheim • Verhinderungspflege • Kurzzeitpflege

Ⓐ   Im _____ findet die stationäre Pflege statt, d. h. die Personen leben dort. Meist sind es alte Menschen, die in der häuslichen Umgebung nicht mehr alleine zurechtkommen. Daher werden diese Personen nicht Patienten bzw. Patientinnen genannt, sondern Bewohner bzw. Bewohnerinnen.

Ⓑ   Im Alten- und Pflegeheim findet auch die sogenannte _____ statt. Dies ist eine Sonderform der stationären Pflege — eben für eine begrenzte, kurze Zeit (maximal 8 Wochen im Jahr), z. B. als Übergang zwischen einem Krankenhausaufenthalt und der Rückkehr in die häusliche Umgebung.

Ⓒ   Im Gegensatz dazu dient die _____ zur Entlastung von pflegenden Angehörigen, z. B. wenn diese kurzfristig krank werden oder in den Urlaub fahren. Die Dauer beträgt maximal 6 Wochen im Jahr.

Ⓓ   Die _____ / der _____ betreut Pflegebedürftige, die in der eigenen Wohnung leben. Die Pflegekraft kommt unterschiedlich oft, einmal oder mehrmals am Tag, je nach Pflegegrad und Bedürfnissen.   → Mehr zu Pflegegrad: Kapitel G

🎧 3   **b**   Welche Form der Altenpflege nimmt Herr Deppe in Anspruch? Hören Sie und kreuzen Sie in Aufgabe 1a an.

2   Angehörige

🎧 3   **a**   Welche Beziehung haben die Personen zueinander? Hören Sie noch einmal und streichen Sie die Bezeichnungen, die nicht passen, durch.

1.   Ella Franz ist *die Ehefrau / die Tochter / eine Freundin* von Herrn Deppe.
2.   Erwin Deppe ist *der Ehemann / der Nachbar / der Vater* von Ella Franz.
3.   Anton Wrobel ist *der Sohn / ein Verwandter / kein Angehöriger* von Herrn Deppe.

TIPP   *Angehörige* sind Menschen, die zum Pflegebedürftigen in einem besonderen rechtlichen oder sozialen Verhältnis stehen. Oft sind es Personen aus der engen Familie, also Verwandte wie Eltern, Geschwister, Kinder. Der Begriff schließt auch die Ehefrau / den Ehemann oder die / den Lebenspartner/in ein. Im Sinne von „gehört zu der Person" schließt der Begriff *Angehörige* auch Menschen ein, die in das Lebensumfeld des Pflegebedürftigen gehören, aber nicht verwandt sind.

b   Welche Angehörigen sind gemeint? Ordnen Sie die unterstrichenen Begriffe aus dem Tipp zu.

meine Frau: die _____ oder die _____

mein Mann: der _____ oder der _____

mein Vater, meine Mutter: die _____

mein Bruder, meine Schwester: die _____

mein Sohn, meine Tochter: die _____

meine Freundin, mein Nachbar, meine Kollegin, …: _____

4   Eine Ausbildung in der Pflege machen

1   Bezeichnungen in den Arbeitsbereichen

4 **a**   Hören Sie den Dialog. Was ist richtig? Kreuzen Sie an.

1. Wer spricht mit wem?

   O Martina   O Marina   O Maria   spricht mit   O Patrick.   O Jiro.   O Phat.

2. Die beiden Auszubildenden sind …

   O im Unterricht.   O auf einer Fortbildung.   O bei der Arbeit.

3. Wer macht wo die Ausbildung?

macht eine Ausbildung

O im Altenheim am Park.

O im Krankenhaus Neustadt-Mitte.

macht eine Ausbildung

O im Altenheim am Park.

O im Krankenhaus Neustadt-Mitte.

b   Wie heißen die gesuchten Bezeichnungen? Ergänzen Sie.

> Bewohner/in • Examinierte • Bewohnerzimmer • Pflegefachmann / Pflegefachfrau • Wohnbereich •
> Altenpfleger/in, Pflegefachkraft • Pflegehelfer • Station • Patientenzimmer • Krankenpfleger/in,
> Pflegefachkraft • Pflegebedürftige • Pflegeschüler/in, Auszubildende/r • Patient/in

1. Menschen, die den Beruf Pflegefachmann / Pflegefachfrau lernen nennt man _____ /

   _____

2. Die aktuelle gemeinsame Berufsbezeichnung für Alten- und Krankenpfleger ist

   _____ / _____

3. Wie nennt man Pflegekräfte im Altenheim auch? _____

4. Wie nenn man Pflegekräfte im Krankenhaus auch? _____

5. Wie nennt man Menschen, die Pflege brauchen? _____

6. Im Altenheim betreute Personen nennt man _____

7. Im Krankenhaus betreute Personen nennt man _____

8. Zimmer im Altenheim, in denen die betreuten Personen wohnen, heißen _____

9. Zimmer im Krankenhaus, in denen die betreuten Personen liegen, sind _____

10. Der _____ im Altenheim fasst mehrere Zimmer zusammen.

11. Die _____ im Krankenhaus fasst mehrere Zimmer zusammen.

12. _____ haben eine abgeschlossene oder anerkannte Pflegeausbildung.

13. _____ haben eine Basisqualifikation zur Ausführung von Arbeiten der

    Grundpflege und hauswirtschaftlichen Versorgung.

5 Im Altenheim am Park

1 Willkommen im Team

 a Lesen Sie die Fragen. Hören Sie dann das Gespräch und kreuzen Sie an.

1. Welche Gesprächssituation ist das?

   ○ ein Pausengespräch ○ eine Teamsitzung ○ eine Übergabe ○ ein Vorstellungsgespräch

2. Wer nimmt am Gespräch teil?

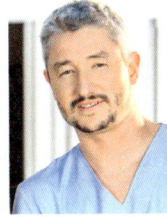      

   ○ Anton   ○ Agata   ○ Marina   ○ Iva   ○ Selma   ○ Anke   ○ Semi

3. Iva   ○ ist neu im Team,   ○ kommt aus Kroatien,   ○ ist Pflegehelferin.   ○ ist examinierte Pflegekraft.

 b Hören Sie das Gespräch weiter: Was passt zu wem? Verbinden Sie.

		zuständig für die Beratung von Angehörigen.
Iva		verantwortlich für die Auszubildenden.
Anton		interessiert an den Menschen.
Agata	ist	gespannt auf die Arbeit mit den Bewohnern.
Semi		behilflich bei Fragen zum Pflegegrad.
Marina		beliebt bei den Bewohnern.
		neugierig auf den Bericht von Semi und Marina.

c Lesen Sie den Tipp. Markieren Sie dann die Adjektive mit festen Präpositionen in Aufgabe 5b und ergänzen Sie die Tabelle.

TIPP

Ⓖ Eine Reihe von Adjektiven verbindet sich fest mit Präpositionen. Die Präposition bestimmt, welcher Kasus folgt: *dankbar + für + Akkusativ → Iva ist dankbar für die neue Stelle.*

+ Dativ	+ Akkusativ
behilflich _____	zuständig *für*
beliebt _____	verantwortlich _____
interessiert _____	gespannt _____
_____	neugierig _____
_____	_____
_____	_____

d   Was bedeuten diese Adjektive? Ordnen Sie die Bedeutung zu und ergänzen Sie die Tabelle.

1. angewiesen auf   a) vertraut mit etwas sein, schon gut kennen / können

2. zufrieden mit   b) etwas ganz dringend brauchen

3. gewöhnt an   c) keine Fehler/Mängel an etwas finden

e   Gespräch nach der Teamsitzung: Ergänzen Sie die passenden Präpositionen.

$\Big[$ an • mit • auf • für • zu • von $\Big]$

● Iva, herzlich willkommen in unserem Team. Ich freue mich sehr, dass du zu uns ins Altenheim am Park gekommen bist. Wir sind wirklich dringend (1) _____ deine Hilfe angewiesen.

○ Danke. Ich freue mich auch und bin sehr dankbar (2) _____ die Stelle.

● Das kannst du auch sein. Ich bin wirklich schon sehr lange hier und immer noch zufrieden (3) _____ meiner Arbeit hier. Anstrengend ist es natürlich schon. Nach Dienstschluss bin ich oft sehr müde (4) _____ der Arbeit.

○ Oh ja, das kenne ich. Aber (5) _____ anstrengende Dienste bin ich schon gewöhnt!

● Na, dann ist ja gut. Aber hier ist es wirklich ganz schön. Die Kollegen sind alle nett und unser Leiter ist fair und freundlich (6) _____ allen. Er versucht auch, unsere Wünsche bei den Dienstplänen zu berücksichtigen.

f   Welche Wörter bedeuten dasselbe? Suchen Sie im Dialog in 5e und ordnen Sie zu.

1. die Arbeit: die _____, der _____

2. der Feierabend: der _____

3. das Team: die _____

4. der Chef im Altenheim: der _____

g   Zu Welchen Wörtern von Aufgabe 5f können Sie eine weibliche Form bilden? Ergänzen Sie.

6   Gespräche in der Pflege

1   Typische Gesprächssituationen

a   Welche Gesprächssituationen sind das? Ordnen Sie zu.

1. auch Aufnahmegespräch: eine Pflegekraft erfragt wichtige biografische und medizinische Informationen bzw. die Krankengeschichte von neuen Bewohnern / Patienten.

2. Kollegen sitzen zusammen und sprechen über relevante Themen für ihre Arbeit.

3. die Pflegekraft spricht z. B. bei der Körperpflege mit der / dem Pflegebedürftigen und sagt, was sie / er gerade macht

4. beim Dienstwechsel, Kollegen informieren sich darüber, was im Dienst passiert ist

5. die / der Praxisanleiter/in erklärt z. B. einem Auszubildenden die Wundversorgung oder die Vorbereitung einer Pflegemaßnahme

6. die Pflegekraft spricht z. B. mit der Frau oder den Kindern der Patientin / des Patienten

___ Ⓐ eine Teamsitzung   ___ Ⓑ ein pflegebegleitendes Gespräch

___ Ⓒ ein Anleitungsgespräch   ___ Ⓓ eine Anamnese

___ Ⓔ eine Übergabe   ___ Ⓕ ein Gespräch mit Angehörigen

b Hören Sie die Gespräche 1 bis 6 und ordnen Sie die Gesprächssituationen (A–F) von 6a zu.

1: _____   2: _____   3: _____

4: _____   5: _____   6: _____

2 Die passende Ansprache

a Hören Sie die Gesprächssituationen noch einmal. In welchen Situationen siezen sich die Gesprächspartner? Kreuzen Sie oben in 1b an.

> **TIPP** Es ist üblich, Patienten/innen und deren Angehörige, Ärzte/innen und Personen mit Leitungsfunktion zu siezen. Auszubildende und Schüler duzen sich meistens. Wenn Sie nicht sicher sind, sprechen Sie die Person mit „Sie" an. In der Regel bieten Ihnen Kollegen und Personen, die geduzt werden wollen, das Du an.

b Siezen: Welches Pronomen ist richtig? Streichen Sie das falsche Pronomen durch.

1.

● Frau Lantz, *Sie / Ihr* müssen noch ins Labor zur Blutabnahme.

  Ich beschreibe *Ihr / Ihnen* mal die Wege zu *Ihren / Ihnen* Terminen.

○ Ja, bitte, Judith. *Ihren / Ihr* Krankenhaus ist ja ganz schön groß.

● Soll (4) *Ihnen / Sie* jemand zum Labor begleiten?

○ Ach, … nein danke, das ist nett von *Sie / Ihnen*, aber das schaffe ich schon.

● O.k., aber sagen *Sie / Ihnen* Bescheid, wenn es *Sie / Ihnen* zu viel wird.

  Wir begleiten *Sie / Ihnen* gern.

2.

○ Können *Sie / Ihnen* uns das nochmal erklären, Stefano?

● Ja, das mache ich gerne. Herr Kaya, ist es *Sie / Ihnen* recht, wenn ich mit *Ihnen / Ihrer* Tochter darüber spreche?

c Duzen, „ihr" und „wir": Welches Wort ist hier richtig? Streichen Sie das falsche Wort durch.

1.

● Wie war der Nachtdienst? Alles ruhig? *Gib / Geben* mir bitte mal die Patientenakten.

○ *Warte / Warten*, ich mache nur noch schnell die Tür zu. Ah, Phat, *komm / komm*st schnell noch rein.

  Prima, *fangen / fang* wir mit der Übergabe an.

2.

● Guten Morgen, ich begrüße *euch / ihr* herzlich zu *unserer / unseren* Teamsitzung. *Wir / Ihr* sind heute nur eine kleine Gruppe. *Unsere / Uns* beiden Auszubildenden Semi und Marina sind heute auf Fortbildung. Heute nimmt aber zum ersten Mal *unsere / unseren* neue Kollegin Iva an der Teamsitzung teil. Ich weiß nicht, ob *ihr euch / wir uns* schon kennt? Am besten stellen *wir uns / ihr euch* kurz vor. Wir duzen *uns / dich* hier übrigens untereinander, Iva. Ich hoffe, das ist o.k. für *dich / dir*? Willst *dich / du* gleich anfangen?

1   Ein Aufnahmegespräch

1   Ein pflegerisches Aufnahmegespräch führen

8 **a**   Hören Sie und kreuzen Sie an: Wer führt dieses Gespräch?

○ eine Fachärztin   ○ eine Pflegefachkraft   ○ die Chefärztin / der Chefarzt

b   Was ist richtig? Kreuzen Sie an. Hören Sie noch einmal, wenn nötig.

1. Judith spricht mit …
   (a) einem neuen Patienten.
   (b) einer neuen Patientin.
   (c) einer Angehörigen.

2. Judith will zuerst über … sprechen.
   (a) den Ablauf auf der Station
   (b) die behandelnde Ärztin Dr. Kostic
   (c) die Fragen zur Pflegeanamnese

3. Judith …
   (a) gibt der Patientin den Anamnesebogen zum Ausfüllen.
   (b) füllt zusammen mit der Patientin den Anamnesebogen aus.
   (c) bittet die Angehörigen, den Bogen auszufüllen.

9 **2**   **Patientendaten notieren: Hören Sie das Gespräch zwischen Judith und Frau Lantz und notieren Sie auf dem Anamnesebogen. Sie hören nicht zu allen Punkten eine Antwort.**

K̲rankenhaus N̲eustadt-M̲itte

Name, Vorname: Lantz, Ilse   Geburtsdatum: 23.06.1955   Station:
Adresse: Kantorstr. 37, 86381 Krumbach   Telefon: 08282 19 876   Orthopädie

Ausgeübter Beruf: _Rentnerin_

Familienstand: ☐ ledig   ☐ verheiratet   ☐ geschieden   ☐ verwitwet

Einweisungsdiagnose: _Kniearthrose_

Größe: _____   **Gewicht:** _____

Notfallkontakt
(Hiermit verbunden ist die Entbindung von der ärztlichen Schweigepflicht dieser Person gegenüber.)

Name: _Helmut Lantz (Ehemann)_   Telefon: _____

Name: _Dirk Lantz (_ _____ _)_   Telefon: _____

---

3   Ausschnitte aus einem Anamnesebogen

Zuerst Wichtige Wörter? → S. 16/17

a   Lesen Sie die Ausschnitte aus dem Anamnesebogen. Schreiben Sie dann die passende Überschrift in die blauen Zeilen.

> Allergien • Bewegung • Ernährung • ~~Kommunikation~~

Kommunikation

Körperliche oder funktionelle Einschränkungen?   ○ nein
○ ja: ○ Sehschwäche   ○ blind (rechts/links/beidseitig)
                ○ Hörschwäche   ○ taub (rechts/links/beidseitig)

Hilfsmittel   ○ keine
○ ja: ○ Brille   ○ Kontaktlinsen   ○ Hörgerät (links/rechts)   ○ Augenprothese (links/rechts)

Deutschkenntnisse ○ ja   ○ nein: ○ Dolmetscher nötig, Sprache: _____

_____

Körperliche oder funktionelle Einschränkungen?   ○ nein
○ ja: ○ Schwäche   ○ Sensibilitätsstörungen   ○ Paresen   ○ Plegien

---

Hilfsmittel   ○ keine
○ ja: ○ Gehstock   ○ Unterarmgehstützen   ○ Rollator   ○ Rollstuhl   ○ Orthese   ○ Prothese

Gleichgewichtsstörungen   ○ nein
○ ja: ○ Schwindel ○ Fallneigung

_____

Benötigt Hilfe bei der Nahrungsaufnahme   ○ nein
○ ja: ○ Hilfe beim Richten   ○ anreichen durch Pflegepersonal   ○ Unterstützung durch Personal

Zahnprothese   ○ nein ○ ja: ○ Vollprothese oben/unten   ○ Teilprothese oben/unten

Kostform/Diät   ○ Vollkost   ○ _____

Abneigungen/Wünsche
○ vegetarisch   ○ ohne Schweinefleisch   ○ _____

Lebensmittelunverträglichkeiten? ○ nein ○ ja: _____

Trinkgewohnheiten

_____ / **Unverträglichkeiten**

Allergische Reaktionen   ○ nein   ○ ja, auf _____
Unverträglichkeiten _____

b   Zu welchem Ausschnitt passt diese Antwort von Frau Lantz? Ordnen Sie zu.

„Besonders auf braune Pflaster reagiere ich allergisch.
Da bekomme ich Pickelchen. Und die Haut wird rot und juckt.“

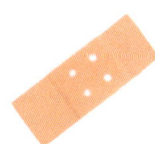

_____

 c   Hören Sie das Gespräch und notieren Sie die Antworten
von Frau Lantz im Anamnesebogen von Aufgabe 3a.
Sie hören nicht zu allen Punkten eine Antwort.

4 Wichtige Wörter: Hilfsmittel

  a Hören Sie die Wörter: Wo wird das Wort betont? Markieren Sie den Wortakzent.

Hilfsmittel

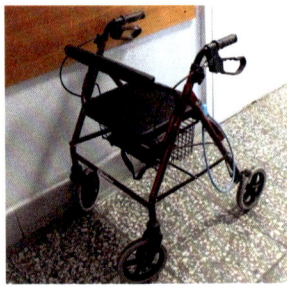 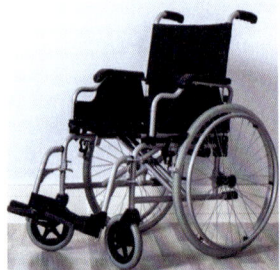 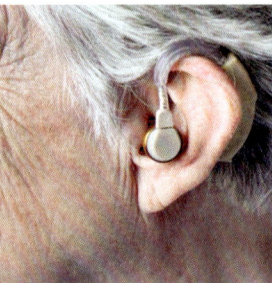 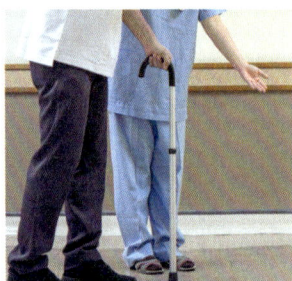

der Rollator der Rollstuhl das Hörgerät der Gehstock

 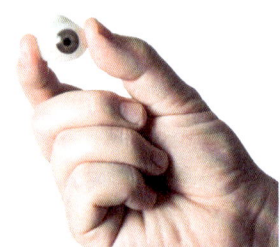 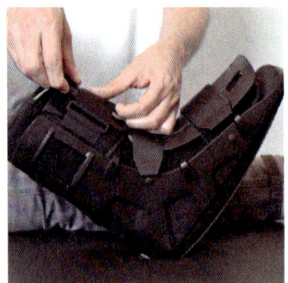 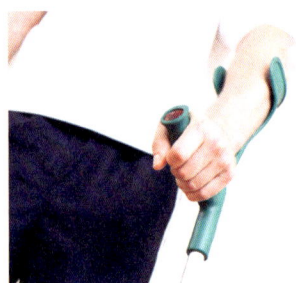

die Kontaktlinse die Augenprothese die Orthese die Unterarmgehstütze

 **b** Hören Sie die Wörter noch einmal und sprechen Sie nach.

> **TIPP**
> Sprechen Sie den betonten Wortteil oder die betonte Silbe etwas lauter und deutlicher.

c Das richtige Genus: der, die oder das? Sortieren Sie die Wörter.

> Allergie • Ausscheidung • Einschränkung • Inkontinenz • Medikament • Sensibilitätsstörung •
> Unverträglichkeit • Urin • Stuhl • Intoleranz • Neigung • Stuhlgang

der _____

die *die Allergie,* _____

_____

das _____

> **TIPP**
> **G** Nomen mit den Endungen *-ung, -heit, -keit, -anz, -enz* sind immer feminin.

  d Hören Sie zur Kontrolle und sprechen Sie die Wörter nach.

e Was ist richtig? Markieren Sie.

1. Brauchen Sie *einen / ein* Rollstuhl? Haben Sie *der / den* mitgebracht?

2. Sie haben *Ihren / Ihr* Rollator dabei? Wo ist *der / den*?

3. Sie nehmen *einen / ein* Medikament? Wie oft nehmen Sie *dem / das*?

4. Tragen Sie *eine / einer* Prothese? Wo tragen Sie *die / dem*?

5. Sie haben *einem / eine* Allergie? Wogegen haben Sie *der / die*?

5 Fachwörter erklären

a   Verbinden Sie die Frage des Patienten mit der passenden Erklärung der Pflegekraft.

1. Was meinen Sie mit Neigung?

2. Was heißt Obstipation?

3. Was ist mit Inkontinenz gemeint?

4. Was bedeutet Sensibilitätsstörung?

a) Das bedeutet Verstopfung. Sie können dann nicht gut auf Toilette gehen.

b) Damit ist gemeint, dass sich eine Körperstelle nicht wie normal anfühlt.

c) Wenn Sie etwas sehr oft haben oder machen, dann neigen Sie dazu.

d) Wenn Sie Ihren Urin oder Stuhl nicht mehr halten können.

b   Ausscheidungen: Trennen Sie die Begriffe in der Wortschlange. Welche sind Fachsprache? Sortieren Sie.

urinierengroßmachenaufToilettegehenPipiKotUrinStuhlgangHarnAusscheidungenWassserlassenkleinmachen

Fachsprache: _____

c   Welche Wörter oder Wortteile von Aufgabe 5b fehlen auf dem Anamnesebogen? Ergänzen Sie.

Ausscheidung
Probleme bei der _____ausscheidung?   ○ nein
○ ja   ○ vermehrtes nächtliches _____   ○ häufiges Wasserlassen geringer Menge
○ schmerzhaftes Wasserlassen   ○ _____inkontinenz

Probleme bei der _____ausscheidung?   ○ nein
○ ja   ○ Neigung zu Diarrhoe   ○ Neigung zu Obstipation   ○ _____inkontinenz
letzter _____ am:

→ Mehr zu Harninkontinenz: Kapitel F, S. 73

6 Feste Wendungen

a   Lesen Sie die Gespräche. Unterstreichen Sie die Präpositionen.

1. ● Sind Sie allergisch <u>gegen</u> etwas?

   ○ Ich reagiere allergisch auf ein paar Sachen. z. B. habe ich eine Allergie gegen Nüsse.

3. ● Benötigen Sie Hilfe bei der Körperpflege?

   ○ Ja bitte. Ich brauche Unterstützung beim Duschen.

2. ● Neigen Sie zu Verdauungsproblemen?

   ○ Ja, ich leide oft an Durchfall.

b   Ergänzen Sie die passende Präposition.

1. eine Allergie haben _____ + Akk   allergisch sein _____ + Akk   (allergisch) reagieren _____ + Akk

2. neigen _____ + Dat   leiden _____ + Dat

3. Hilfe benötigen _____ + Dat   Unterstützung brauchen _____ + Dat

7   Fragen formulieren

a   Lesen Sie den Tipp. Schreiben Sie dann die Fragen richtig.

TIPP

Ja-/Nein-Fragen: Das konjugierte Verb steht auf Position 1.
Haben Sie Schmerzen?
W-Fragen: Ein Fragewort steht auf Position 1. Das konjugierte Verb steht auf Position 2.
Was essen Sie nicht?

1. groß – Sie – wie – sind – ? _____

2. noch – Sie – arbeiten – ? _____

3. anrufen – im Notfall – wir – können – wen – ?

    _____

4. Telefonnummer – welche – Ihr Sohn – hat – ?

    _____

5. eine Gehilfe – Sie – benötigen – ?

    _____

6. Sie – tragen – eine Zahnprothese – ?

    _____

b   Wie fängt die Frage an? Ergänzen Sie das passende Fragewort.

Was • Welche • Welches • Wem • Wer • Wie oft • Wo

1. _____ ist Ihr <mark>Not</mark>fallkontakt?

2. _____ dürfen wir Auskunft über Sie geben?

3. _____ haben Sie Stuhlgang?

4. _____ meinen Sie mit „ab und zu"?

5. _____ Einschränkungen haben Sie?

6. _____ genau haben Sie das? Im Knie?

7. _____ Hilfsmittel benötigen Sie? Ein Hörgerät?

 **13 c**   Hören Sie die Fragen. Lesen Sie leise mit. Achten Sie auf den Wortgruppenakzent (groß).

hm – HM – hm – hm   hm – hm – hm – hm – hm – HM
Wie **groß** sind Sie?   Was vertragen Sie **nicht**?

TIPP

In einer Wortgruppe wird meistens ein Wort stärker als die anderen betont, weil es für die Satzaussage / Frage wichtig ist. Sprechen Sie die betonte Wortgruppenakzentsilbe lauter und deutlicher. Der Kontrast zwischen betonter und unbetonter Silbe ist stark.

  14 d   Hören Sie die Fragen von 7b. Markieren Sie den Wortgruppenakzent.
Hören Sie dann noch einmal und summen und sprechen Sie nach.

8 Fragen richtig stellen

 15 a Hören Sie die Fragen. Was betont Judith? Markieren Sie.

Brauchen Sie eine besondere ==Kost==form?   Was essen Sie nicht?

Vertragen Sie alle Lebensmittel?   Welche Lebensmittel vertragen Sie nicht?

Wie viel trinken Sie am Tag?   Warum trinken Sie so wenig?

Haben Sie eine Allergie gegen Medikamente?   Gegen welches Medikament?

Haben Sie Schlafprobleme?   Welches Problem haben Sie beim Schlafen?

15 b Hören Sie noch einmal und sprechen Sie die Fragen nach.

c Ordnen Sie passende Fragen von Aufgabe 8a zu.

● _____

○ Nein, ich habe eine Laktoseintoleranz.

● Aha. _____

○ Nein, ich kann alles essen. Aber ich mag kein Fleisch und

ernähre mich vegetarisch.

…

● Ich müsste Ihnen jetzt noch ein paar Fragen zu Ihrem Trinkverhalten stellen.

_____

○ Ungefähr drei Viertelliter.

● Das ist aber wirklich wenig. _____

○ Ach, ich habe einfach keinen Durst.

…

● _____

○ Ja, seit den Wechseljahren schlafe ich nicht mehr so gut.

● _____

○ Ich schlafe oft nicht gut ein und wache auch oft in der Nacht auf.

d Notieren Sie die Antworten von Frau Lantz auf dem Anamnesebogen.

Kostform / Diät ○ Vollkost ○ _____		
Lebensmittelunverträglichkeiten ○ nein ○ ja: _____		
Abneigungen/Wünsche ○ vegetarisch ○ ohne Schweinefleisch ○ _____		
Trinkgewohnheiten Trinkmenge _____ Liter / Tag Trinkmengenbeschränkung ○ nein ○ ja: max. Trinkmenge _____ Liter/Tag		

Schlaf
Probleme ○ nein ○ ja ○ beim Einschlafen ○ Durchschlafen

2 Abläufe auf der Station

1 Über den Tagesablauf informieren

a Wann ist was auf dieser Station? Lesen Sie das Infoblatt von Frau Lantz und ordnen Sie zu.

> Abendessen • Morgenvisite • Nachtruhe

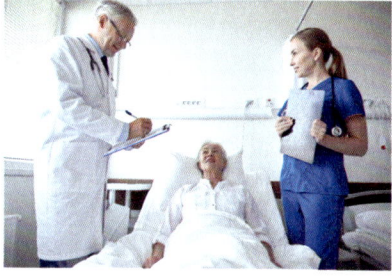

die Visite: Arzt und Pflegekraft besuchen die Patientin

_____	7:00–7:30 Uhr
Frühstück	7:30 Uhr
Stationsarztvisite	10:00–11:00 Uhr
Mittagessen	12:00 Uhr
_____	17:30 Uhr
Cafeteria geöffnet	8:00–18 Uhr
Besuchszeiten	9:00–21 Uhr
_____	ab 22:00 Uhr

Ihre persönlichen Termine:

Blutabnahme > Labor

b Judith informiert Frau Lantz über den Tageablauf: Ergänzen Sie die Zeitangaben.

> ab 17:30 Uhr • ab 22 Uhr • am Nachmittag • gegen 12 Uhr • um kurz vor 7 • gegen 7:30 Uhr •
> von 9 bis 21 Uhr • von 8 bis 18 Uhr • zu jeder Zeit • zwischen 10 und 11 Uhr

Ich möchte Sie noch kurz über den Tagesablauf auf unserer Station informieren. In der Regel

wecken wir Sie (1) _____. (2) _____ bekommen Sie Ihr Frühstück

und Ihre Morgenmedikation und wir messen die Vitalzeichen. Nach dem Frühstück machen wir

dann die Betten. Die Stationsarztvisite findet meistens (3) _____ statt. Wenn Sie

dann schon Besucher haben, müssen sie kurz aus dem Zimmer gehen. Die Besuchszeiten sind

(4) _____ . Für Therapien und Untersuchungen am Vormittag bekommen

Sie einen Termin, (5) _____ finden auch noch ärztliche und therapeutische

Behandlungen statt. (6) _____ bringen wir Ihnen das Mittagessen und

(7) _____ bekommen Sie Abendessen und Ihre Abendmedikation.

(8) _____ ist dann Nachtruhe. Getränke wie Kaffee, Tee oder Wasser stehen Ihnen

(9) _____ in der Teeküche zur Verfügung. Im ersten Stock befindet sich auch die

Cafeteria mit Einkaufsmöglichkeiten. Sie hat (10) _____ geöffnet. Ihre persönlichen

Termine stehen hier unten. Haben Sie noch Fragen?

2 Richtige Zeitangaben machen

a Was bedeuten die Präpositionen und Symbole? Verbinden Sie mit den Angaben rechts.

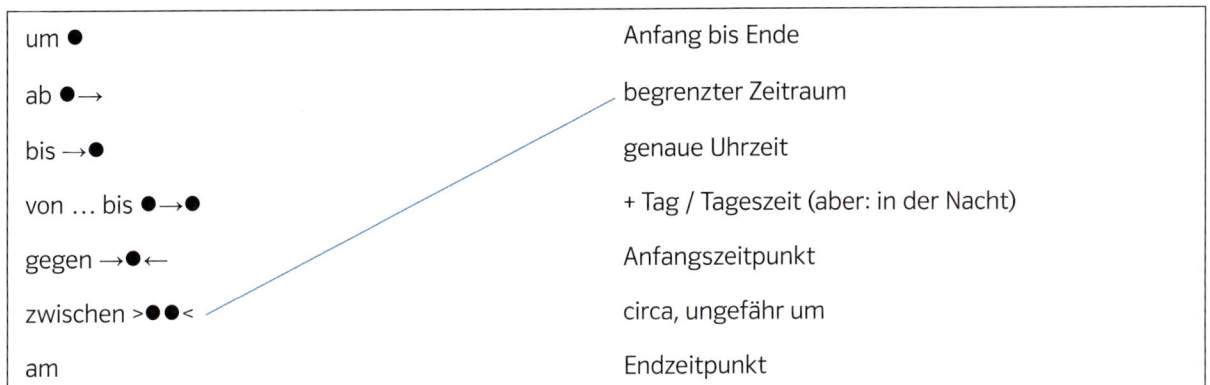

um ●	Anfang bis Ende
ab ●→	begrenzter Zeitraum
bis →●	genaue Uhrzeit
von … bis ●→●	+ Tag / Tageszeit (aber: in der Nacht)
gegen →●←	Anfangszeitpunkt
zwischen >●●<	circa, ungefähr um
am	Endzeitpunkt

b Ergänzen Sie die passende Zeitangabe in den Aussagen der Pflegekraft.

1. _Um 14 Uhr_____ beginnt die Untersuchung. ●14

2. _____ stehen Ihnen Getränke bereit. 13→

3. _____ können Sie in der Cafeteria einkaufen, dann schließt sie. →18

4. _____ Uhr hat der Raum der Stille geöffnet. 8→22

5. Das Abendessen ist _____ . >17:30 18<

6. Ihre Angehörigen können Sie _____ Uhr besuchen. →21

7. Donnerstags _____ kommt auch meistens der Oberarzt zur Visite. →10←

8. Wenn Sie _____ keine weiteren Therapien oder Untersuchungen haben, können Sie

   auch in unserem Garten spazieren gehen. Nachmittag

   _____ findet die Visite zu anderen Uhrzeiten satt. Wochenende

   _____ ist natürlich auch Personal da. Nacht

9. Sie haben morgen Ihre OP, deshalb dürfen Sie _____ nicht mehr essen und trinken. 24→

3 Termine erklären: Schreiben Sie Judiths Erklärung ab und ergänzen Sie die richtige Zeitangabe an der markierten Stelle ▼.

Sie haben noch ein paar Termine, Frau Lantz. ▼ klärt Sie Dr. Attia über die Anästhesie auf. Die genaue Uhrzeit kann ich leider nicht sagen. Zuerst müssen Sie aber ▼ noch ins Labor und ▼ zum Röntgen, außerdem ▼ noch zum EKG. ▼ ist die OP-Aufklärung bei Dr. Kostic. Da können Sie noch Fragen stellen. ▼ haben Sie Ihre OP. Wir bringen Sie also ▼ in den OP-Bereich.	_Labor: baldmöglichst_ _EKG: 11:30 Uhr_ _Röntgen: 14 Uhr_ _OP-Aufklärung: 15 Uhr_ _Anästhesieaufklärung: gegen 16:30 Uhr_ _Mi, 8:30 Uhr OP_ _Abholen zwischen 7:15 und 7:45 Uhr_

4   Häufige Tätigkeiten von Pflegekräften

a   Welches Verb passt? Ordnen Sie zu. Manche Verben passen mehrmals.

> ausgeben • beantworten • bringen • erklären • führen • helfen • informieren •
> machen • messen • wecken

1. morgens die Patienten / Patientinnen _____

2. die Medikation nach ärztlicher Anordnung _____

3. die Vitalzeichen _____

4. das Frühstück _____

5. die Betten _____

6. wenn nötig, Patienten / Patientinnen bei der Körperpflege _____

7. den Patienten / Patientinnen die Abläufe _____

8. Gespräche zur Pflegeanamnese _____

9. die Patienten / Patientinnen über ihre Termine _____

10. den Patienten / Patientinnen Fragen _____

b   Was macht eine Pflegekraft nicht? Streichen Sie das falsche Verb durch.

1. Patienten bei der Morgenpflege   *helfen / unterstützen / dokumentieren*

2. ein Medikament   *ausgeben / verschreiben / verabreichen*

3. das Frühstück   *bringen / ausgeben / zubereiten*

4. eine Therapie   *verordnen / durchführen / beginnen*

5. Gespräche zur Pflegeanamnese   *führen / dokumentieren / verschreiben*

6. Vitalzeichen   *ausgeben / messen / dokumentieren*

c   Schreiben Sie das Verb in der Klammer in der passenden Form.

1. Wir _____ Ihnen gleich das Frühstück. (bringen).

2. Die Arztvisite _____ heute etwas später _____ (stattfinden). Der Chefarzt _____ (sein)
   noch im OP.

3. _____ mein Kollege heute schon Ihre Vitalzeichen _____ ? (messen, Perfekt)

4. Ich möchte Ihr Bett _____ (machen). _____ Sie bitte kurz _____ ? (aufstehen).

5. _____ ich Ihnen beim Waschen _____ ? (helfen sollen)

6. _____ Sie Hilfe? (brauchen) Ich _____ Sie gern. (unterstützen)

7. Um 17:30 Uhr _____ wir das Abendbrot (verteilen). Das _____ nicht mehr lange. (dauern)

3 Orientierung im Krankenhaus

1 Orte im Krankenhaus: Ein Wegweiser

a In welchem Stock ist die Orthopädie? Markieren Sie im Wegweiser.

Ⓚrankenhaus Ⓝeustadt-Ⓜitte		Haus 1
3. OG Station 3 A Innere 1 Kardiologie	Station 3 B Innere 2 Diabetologie, Angiologie, Gastroenterologie	Diabetische Fußambulanz *CA Dr. med. L. Walters* Podologie
2. OG Station 2A Orthopädie *CÄ Dr. M. Kostic*	Station 2 B Allgemeinchirurgie	Physiotherapie
1. OG Station 1 A Intensivstation	Zentral-OP Aufwachraum	Zentralsterilisation
EG ⬅ **Aufzug A** Zentrale Notaufnahme Schockraum Chirurgische Ambulanz *CA PD Dr. med. A. van de Saar* Röntgenabteilung	**Aufzug B** ⬆ Patientenanmeldung Cafeteria, Kiosk 🍴 Besucher-WC Wickelraum 🍼🚼 🚻♿	**Aufzug C** ⬑ Ambulanz Innere 2 Diabetologie, Angiologie, Gastroenterologie *CA Dr. med. L. Walters* Anästhesie-Ambulanz *CA Prof. Dr. med. Roussau*
1. UG Ambulanz Innere 1 Kardiologie *CÄ Prof. Dr. med. J. Petridis* Herzkatheterlabor Elektrokardiographie (EKG) Sonographie Lungenfunktionsdiagnostik	Labor Blutbank Apotheke Medizintechnik Endoskopie	Raum der Stille Wäschelager Bettenzentrale Haustechnik

b Wie sind die Begriffe auf dem Wegweiser abgekürzt? Ergänzen Sie.

drittes Obergeschoss: _____   Erdgeschoss: _____   erstes Untergeschoss: _____

Operationsbereich: _____   Elektrokardiographie: _____

Chefarzt: _____   Chefärztin: _____   Toilette: _____

> **TIPP** EKG ist auch die Abkürzung für *das Elektrokardiogramm*. Oft sagt man z. B. *„Sie müssen noch zum EKG."* statt *„Sie müssen noch zur / in die Elektrokardiographie."*

c Welche Orte auf dem Wegweiser haben den Artikel der oder das? Sortieren Sie.

der: *Aufzug,* _____

das: _____ ,

Alle anderen Orte auf dem Wegweiser haben den Artikel die.

2   Orte richtig aussprechen

 **a**   Hören Sie die Wörter und markieren Sie den Wortakzent.

die Anästhes**ie**-Ambulanz   der Aufzug   die Etage   der Fahrstuhl

der Flur   der Gang   die Kardiologie   das Labor   die Station

die Nachbarstation   das Patientenzimmer   die Röntgenabteilung

das Stationszimmer   das Stockwerk   das Untergeschoss   der Wartebereich

 b   Hören Sie die Wörter noch einmal und sprechen Sie nach.

c   Welche Wörter (oder Wortteile) von Aufgabe 2a haben dieselbe Bedeutung? Ordnen Sie zu.

der Lift: _____   die Abteilung: _____

der Korridor: _____   der Stationssitz: _____

die Etage: _____

3   Orts- und Richtungsangaben machen

a   Wo finden die Termine von Fr. Lantz statt? Ordnen Sie die Orte zu.

> Anästhesie-Ambulanz • Kardiologie • Labor • Patientenzimmer • Röntgenabteilung

Ihre persönlichen Termine:
Blutentnahme –> _____
EKG 11:30 Uhr –> _____
Röntgen: 14 Uhr –> _____
OP-Aufklärung 15 Uhr –> Dr. Kostic, _____
Anästhesieaufklärung ca. 16:30 Uhr –> _____

b   Hören Sie zur Kontrolle.

c   Wo oder wohin muss Frau Lantz gehen?
Streichen Sie die falsche Angabe durch.

Die Blutentnahme ist ~~ins~~ / im Labor. Sie müssen also ins / im Labor gehen.

Das EKG findet in die / in der Kardiologie statt, deshalb müssen Sie in die /

in der Kardiologie gehen. Die Kardiologie befindet sich ins / im 1. Untergeschoss,

Sie müssen aber keine Treppe laufen. Sie können den Aufzug ins / in 1. UG nehmen.

Danach werden Sie in die / in der Röntgenabteilung geröntgt. Heute Nachmittag haben Sie dann noch zwei

Gesprächstermine. Der Termin bei / beim Frau Dr. Kostic findet in das / im Patientenzimmer statt.

Zur Anästhesieaufklärung müssen Sie zur / zum Anästhesistin in der / in die Anästhesie-Ambulanz gehen.

d   Lesen Sie den Tipp. Ergänzen Sie dann die Orts- oder Richtungsangabe im Dialog.

Orts- und Richtungsangaben

Auf die Frage *Wo?* antwortet man mit einer **Ortsangabe**, z. B.:

in + Raum / Zimmer / Abteilung / Geschoss … im Dativ

bei + Person im Dativ.

auf + Zimmer / Station

Achtung: in + dem → im, bei + dem → beim

Wo findet der Termin statt?

Im Raum 5. / Im Labor. / In der Kardiologie. / Bei Dr. Kostic. / Bei der Chefärztin. / Beim Chefarzt. / Auf dem Zimmer. / Auf der Nachbarstation.

Auf die Frage **Wohin?** antwortet man mit einer **Richtungsangabe**, z. B.:

in + Raum / Zimmer / Abteilung / Geschoss / Station … + Akkusativ oder

zu + Person / Abteilung / Station / Nominalisiertes Verb (z.B.: das Röntgen) … + Dativ.

auf + Zimmer / Station … + Akkusativ

Achtung: in + das → ins, zu + dem → zum, zu + der → zur

Wohin muss Frau Lantz gehen?

In den Raum 5. / Ins Labor. / In die Kardiologie. / Zu Dr. Kostic. / Zur Chefärztin./ Zum Chefarzt. / Zur Untersuchung. / Zum Blutabnehmen. / Auf ihr Zimmer. / Auf die Intensivstation.

● Sie sind hier (1) _____ der Orthopädischen Station.
Ich beschreibe Ihnen mal die Wege (2) _____
Ihren Terminen.

○ Ja, bitte. Das ist ja ganz schön groß, Ihr Krankenhaus.

● Zuerst gehen Sie (3) _____ Labor (4) _____
Blutentnahme und danach (5) _____ EKG.
Nach dem EKG müssen Sie noch (6) _____ Röntgen gehen. Fahren Sie wieder (7) _____
Erdgeschoss und gehen Sie (8) _____ die Röntgenabteilung. (9) _____ Wartebereich können
Sie sich etwas ausruhen. Soll Sie jemand begleiten?

○ Ach, … nein danke. Das schaffe ich schon.

● O.k. Aber sagen Sie Bescheid, wenn es Ihnen zu viel wird. Wir begleiten Sie gern.

○ Ja, mache ich.

● Gut. Sie müssen danach noch (10) _____ Ihren Aufklärungsgesprächen.

○ Zuerst das Gespräch über die Operation (11) _____ Dr. Kostic, richtig?

● Ja. Das Gespräch findet (12) _____ Ihrem Zimmer statt. Und danach gehen Sie bitte (13) _____
Dr. Attia. (14) _____ die Anästhesie-Ambulanz (15) _____ Erdgeschoss.

○ Da kann ich heute Nacht wahrscheinlich mal gut schlafen, nach dem ganzen Laufen …

● Übrigens, morgen, wenn Sie operiert werden, habe ich auch wieder Dienst. Dann bringe ich Sie
(16) _____ den OP und später wieder zurück (17) _____ Ihr Zimmer.

1 Übergabe am Morgen

1 Über Patienten berichten

18 **a** Auf welcher Station findet die Übergabe statt? Hören Sie und kreuzen Sie an.

○ auf der Intensivstation   ○ auf der Inneren 1   ○ auf der Inneren 2

b Was passt zu wem? Verbinden Sie. Manche Sätze passen mehrmals. Hören Sie noch einmal, wenn nötig.

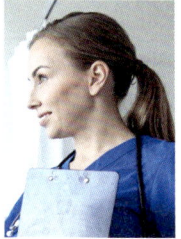  

… hatte Nachtdienst.
… ist Pflegefachkraft auf der Station.
… kennt nur noch zwei Patienten auf der Station.
… gibt Informationen über die Patientin Wittek.
… hört sich die Informationen über die Patienten an.
… ist Schüler auf der Station.
… kennt die Patientin Frau Wittek schon.

Ⓐ Petra   Ⓑ Maryam   Ⓒ Phat

18 **c** Was hat die Patientin Wittek? Kreuzen Sie an. Hören Sie noch einmal, wenn nötig.

1. Frau Wittek hat …

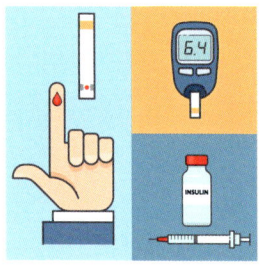 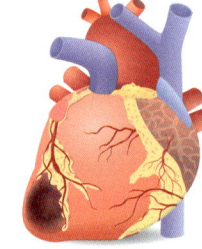 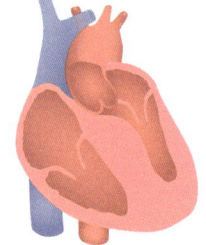 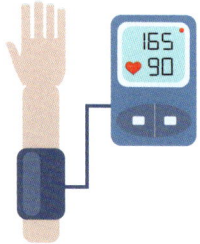

ⓐ Diabetes   ⓑ einen Herzinfarkt   ⓒ Herzinsuffizienz   ⓓ hohen Bluthochdruck

2. Frau Witteks Zustand ist jetzt   ⓐ kritisch.   ⓑ stabil.

3. Aber sie hat aufgrund des schlecht eingestellten Diabetes …

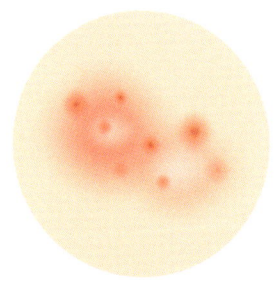 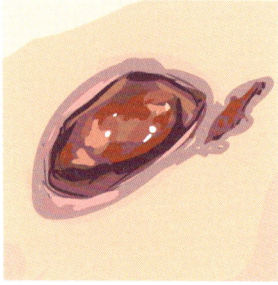

ⓒ am Unterschenkel.
ⓓ am Knöchel.
ⓔ an der Ferse.
ⓕ an der Fußsohle.

ⓐ weitere Schäden an der Haut.   ⓑ ein Ulcus Cruris …

4. Die Wunde ist   ⓐ schon verheilt.   ⓑ noch stark infiziert.

5. Bei der Morgenpflege wird Frau Wittek … bekommen.

ⓐ Unterstützung bei der Körperpflege   ⓑ einen neuen Verband

2   Die Morgenrunde

1   Tätigkeiten bei der Morgenrunde planen

a   Welches Verb passt? Verbinden Sie.

1. die Morgenrunde   a) aufteilen
2. Aufgaben   b) helfen
3. bei der Körperpflege   c) verabreichen
4. die Vitalzeichen   d) wechseln
5. Thrombosespritzen   e) machen
6. die Wunde   f) messen
7. den Verband   g) versorgen

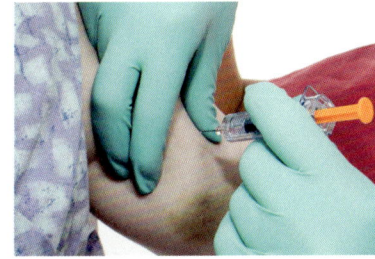

b   Maryam und Phat besprechen ihre Morgenrunde.
Ergänzen Sie den Dialog.

> Aufgabe • Körperpflege • Morgenrundgang •
> Thrombosespritzen • Wunde • Wundversorgung •
> Verband • Vitalzeichen

● Also Phat, wir machen gleich den ersten (1) _____ . Ich werde dabei die

(2) _____ messen und du wirst die (3) _____ verabreichen, ja?

Zu Frau Wittek werden wir ganz am Schluss gehen, sie braucht ja auch Hilfe bei der

(4) _____, das dauert dann etwas. Diese (5) _____ wirst du heute auch

übernehmen, o.k.?

○ O.k., gerne. Soll ich dann auch gleich die (6) _____ von Frau Wittek versorgen?

● Nein, den (7) _____ werden wir erst später bei ihr wechseln. Und das machen wir lieber

zusammen. Aber du darfst die (8) _____ heute dann gern übernehmen. Ich erkläre dir, wie

das geht und dann kannst du das üben.

c   Welche Zeitformen benutzt Maryam bei der Planung? Suchen Sie im Dialog und ergänzen Sie im Tipp.

TIPP

G

Um über Zukünftiges zu sprechen, benutzt man meistens das Präsens. Um Pläne oder feste
Absichten in der Zukunft auszudrücken, können Sie auch das Futur I benutzen.

Präsens: Wir _____ gleich den ersten Morgenrundgang.

Futur I: Ich _____ die Vitalzeichen _____ und

du _____ die Thrombosespritzen _____ .

Zu Frau Wittek _____ wir ganz am Schluss _____ .

Bei beiden Zeitformen weist eine Zeitangabe wie z. B. *gleich, nachher, später, dann, heute,
am Nachmittag* … darauf hin, wann in der Zukunft die Handlung stattfinden wird.

Das **Futur I** bilden Sie so: konjugierte Form von **werden** im Präsens + *Vollverb im* **Infinitiv** am Satzende.
Meistens wird das Futur I gebraucht, um Vermutungen, Prognosen oder Versprechen auszudrücken.

d   Ergänzen Sie das Verb in Klammern im Futur I.

1. Wir _____ zuerst zu Herrn Herbst und Herrn Gondai _____ . (gehen)

2. Dr. Kasidov _____ heute nicht pünktlich zur Visite _____ . (kommen)

3. Die Patienten _____ auf ihn _____ . (warten müssen)

4. Ich _____ Frau Beyers heute um 10 in den OP _____ . (bringen)

5. _____ ihr sie dann _____ , wenn sie fertig ist? (abholen)

6. Ihre Tochter _____ sie heute Nachmittag _____. (besuchen)

7. _____ du morgen auch wieder in der Frühschicht _____ ? (arbeiten)

2   Fakten oder Vermutungen ausdrücken

a   Phat macht sich Gedanken über die Patienten auf Station.
Welcher der unterstrichenen Sätze drückt einen Fakt aus,
welcher eine Vermutung? Sortieren Sie.

Ich habe Frau Witteks Temperatur gemessen: 38,8°C. <u>Sie **hat** Fieber.</u>
<u>Sie wird wohl erhöhte Entzündungswerte im Blut haben.</u>

Fakt (das ist so): _____

Vermutung (das glaubt Phat): _____

b   Lesen Sie zuerst den Tipp. Unterstreichen Sie dann in den Sätzen 1–5: <u>Fakt</u> oder <u>Vermutung?</u>

> **TIPP**
> **Ⓖ**
>
> Mit dem **Futur** I kann man neben Plänen für die Zukunft auch **Vermutungen** ausdrücken.
> Der Sprecher ist sich bei seiner Aussage mehr oder weniger sicher und drückt das durch eine
> Modalangabe aus:
>
> *(fast / ganz) sicher, bestimmt, auf jeden / keinen Fall, höchstwahrscheinlich*   sicher
> *wahrscheinlich, möglicherweise, wohl,*
> *vielleicht, eventuell, vermutlich …*   ▼ nicht so sicher
>
> Die Modalangabe kann am Satzanfang oder hinter dem konjugierten Verb stehen. Falls sich hinter
> dem Verb eine Zeitangabe befindet, dann steht die Modalangabe hinter der Zeitangabe.
>
> *Die Station ist voll belegt.*
> ***Sicher** wird unsere Morgenrunde lange dauern.*
> *Unsere Morgenrunde wird **sicher** lange dauern.*
> *Unsere Morgenrunde wird heute **sicher** lange dauern.*

1. Herrn Herbst ging es gestern schon gut. Ganz sicher wird Dr. Kasidov ihn heute Morgen entlassen.

2. Frau Beyers Blutdruck wird heute bestimmt wieder erhöht sein. Das war jeden Tag so.

3. Frau Wittek geht es besser. Ihre Schmerzen werden vielleicht auch nicht mehr so stark sein.

4. Frau Raub hat heute Nacht schlecht geschlafen. Sie wird vermutlich sehr müde sein.

5. Herr Bauer wird heute bestimmt Hunger haben. Gestern nach der OP hatte er gar keinen Appetit.

c   Wie sicher ist sich Phat bei seinen Vermutungen? Notieren Sie ++ für sicher, +- für nicht so sicher
über seinen Vermutungen in Aufgabe 2b.

d   Schreiben Sie Phats Vermutungen in der richtigen Reihenfolge.

1. Ich übernehme heute die Wundversorgung. _____

   wird / Das / nicht so leicht. / vermutlich

2. Maryam hat viel Erfahrung. _____

   die Wundversorgung / Sie / auf jeden Fall / gut erklären / wird / heute / .

3. Frau Wittek müssen wir beim Waschen helfen. _____

   lieber sein / Vielleicht / die Hilfe von einer Frau / wird / ihr / .

4. Frau Wittek hat immer Durst. _____

   nicht ausreichen. / Zwei Flaschen Wasser / werden / eventuell / für heute Morgen

5. Frau Wittek isst gern. _____

   wird / fragen / sie / zuerst / Wahrscheinlich / nach dem Frühstück / .

3   Versprechen ausdrücken

a   Ordnen Sie Maryams Versprechen den Aussagen des Patienten zu.

> Ich werde mich darum kümmern und in der Küche anrufen. •
> Ich werde ganz vorsichtig sein. • Nach dem Morgenrundgang werde
> ich dem Techniker Bescheid geben. • Ich werde Sie immer wieder
> daran erinnern. • Ich werde es ihm noch einmal sagen.

1. Die Thrombosespritze hat mir gestern wehgetan.

   _____

2. Ich habe gestern Abend schon wieder ein falsches Essen bekommen.

   _____

3. Der Stationsarzt wollte mir doch gestern noch meine Blutergebnisse mitteilen.

   _____

4. Mein Telefon funktioniert nicht mehr.

   _____

5. Ich vergesse immer, genug zu trinken.

   _____

b   Formulieren Sie die Versprechen mit dem Verb in Klammern im Futur I:

1. ● Ich kann die Schmerzen kaum aushalten.

   ○ Das Schmerzmittel _____ bald _____, versprochen! (wirken)

2. ● Mir ist heute so schwindelig. Ich schaffe es nicht allein unter die Dusche.

   ○ Einen Moment, bitte. Ich _____ Ihnen gleich dabei _____. (helfen).

3. ● Ich habe schon ganz schön Hunger.

   ○ Wir _____ Ihnen gleich das Frühstück _____. (bringen)

3   Schmerzen

1   Eine Messskala verstehen und erklären

a   Was sehen Sie auf der Skala? Suchen Sie die Informationen in der Skala und ergänzen Sie.

Schmerzskala

0	1	2	3	4	5	6	7	8	9	10

kein
Schmerz   leichter
Schmerz   mittlerer
Schmerz   starker
Schmerz   sehr starker
Schmerz   stärkster vorstellbarer
Schmerz

Das ist eine (1) _____skala. Mit der Skala können Patienten beschreiben, wie intensiv ihr

Schmerz ist. Die (2) _____ misst durch verschiedene Angaben:

durch Zahlen von (3) _____ bis _____. Durch Farben: (4) _____, _____,

hellorange, _____, _____ und _____; durch Adjektive wie (5) _____,

mittlerer, _____ Schmerz.

b   Maryam erklärt Phat die Skala. Ergänzen Sie.

> unsere • zehn • einen sehr starken • stark • kein • rechts •
> Patienten • leichtem • das Gesicht • höher • sagen • stärker •
> mittlere • stärksten • zeigen • nennen • Farben

Phat, das ist (1) _____ Schmerzskala. Kennst du die schon? Es gibt ja verschiedene. Ich erkläre sie

dir mal. Mit der Skala können die Patientinnen und Patienten uns (2) _____ oder zeigen, wie

(3) _____ ihre Schmerzen sind. Hier siehst du zum Beispiel von links nach rechts verschiedene

(4) _____. Ganz links grün und ganz (5) _____ lila. Grün bedeutet (6) _____

Schmerz. Hellorange bedeutet (7) _____ Schmerzen. Und wenn die Patienten „rot" sagen, dann

haben sie (8) _____ Schmerz. Mit den Gesichtern funktioniert es genauso. Die Farben

oder die Gesichter benutzen wir zum Beispiel bei (9) _____, die nicht so gut sprechen können oder

bei Kindern. Die Patienten (10) _____ dann auf die Farbe oder auf das Gesicht. Die meisten Patienten

(11) _____ aber einfach eine Zahl, zum Beispiel zwei oder drei bei (12) _____ Schmerz.

Je (13) _____ die Zahl, desto (14) _____ der Schmerz. Das lila Gesicht oder die Zahl

(15) _____ bedeutet, der Patient hat den (16) _____ Schmerz, den er sich vorstellen kann.

2 Beim Morgenrundgang: Nach dem Befinden fragen

 a Wie geht es Frau Wittek? Hören Sie den Dialog und kreuzen Sie an.

Frau Wittek ⓐ ist hungrig.   ⓑ muss zur Toilette.   ⓒ hat Schmerzen.

 b Hören Sie den Dialog weiter und kreuzen Sie an.

1. Wo hat Frau Wittek Schmerzen?

ⓐ am Rücken.

ⓑ am Oberschenkel

ⓒ am Knöchel

2. Wie ist Frau Witteks Schmerz?

ⓐ brennend

ⓑ pochend

ⓒ stechend

3. Wie gibt Frau Wittek ihre Schmerzen an?

ⓐ Sie nennt eine Farbe.

ⓑ Sie zeigt auf ein Gesicht.

ⓒ Sie sagt eine Zahl.

4. Wie stark sind ihre Schmerzen?

ⓐ leicht

ⓑ mittel

ⓒ stark

3 Schmerzbeschreibungen verstehen

a Was können Schmerzen? Ordnen Sie zu.

> bohren • brennen • drücken • hämmern • pochen • ~~stechen~~ • quälen • ziehen

1. _stechen_

2. _____

3. _____

4. _____

5. _____

6. _____

7. _____

8. _____

b Wie beschreiben Patienten ihre Schmerzen? Vergleichen Sie die unterstrichenen Wörter und kreuzen Sie die richtige Wortart an.

	Verb	Adjektiv
1. Die Wunde brennt.	X	
2. Die Schmerzen sind brennend.		
3. Ich habe brennende Schmerzen in der Wunde am Bein.		
4. In meinem Knie pocht es.		
5. Der Schmerz ist pochend.		
6. Ich habe pochende Schmerzen im Knie.		

c Lesen und ergänzen Sie den Tipp.

TIPP

Das **Partizip I** kann als **Adjektiv** benutzt werden:
*Der Schmerz ist **brennend**. Ich habe **brennende** Schmerzen.*

Das Partizip I bilden Sie so: Infinitiv + d: _____ + d → brennen**d**
Wenn Sie das Partizip I als attributives Adjektiv vor einem Nomen benutzen, dann müssen Sie es
deklinieren: *Das sind brennend**e** Schmerzen. Ich habe einen brennend**en** Schmerz im Bein.*

4 Über Schmerzen sprechen

a Wie fragt Maryam nach der Schmerzqualität?
Bilden Sie das Partizip I der Verben von Aufgabe 3a.

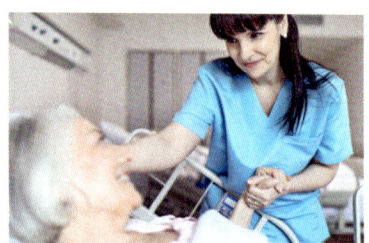

Wie fühlt sich Ihr Schmerz an? Ist Ihr Schmerz …

1. _stechend?_ 2. _____? 3. _____? 4. _____?

5. _____? 6. _____? 7. _____? 8. _____?

b Die Patienten beschreiben ihre Schmerzen: Was passt zusammen? Verbinden Sie.

Das ist …

1. Das fühlt sich an wie ein schlimmer Sonnenbrand. a) ein stechender Schmerz.
2. Es piekst und sticht wie eine Stricknadel. b) ein einschießender Schmerz.
3. Es zieht vom Gesäß aus durch das ganze Bein. c) ein brennender Schmerz.
4. Der Schmerz strahlt vom Fuß bis ins Bein. d) ein ausstrahlender Schmerz.
5. Der Schmerz kommt ganz plötzlich und intensiv. e) ein ziehender Schmerz.

c Ergänzen Sie die passende Adjektiv-Endung, wo nötig.

→ Übersicht Adjektivdeklination: S. 87

1. ● Wie geht es Ihnen, Herr Bürstenmacher? Haben Sie Schmerzen?

   ○ Oh ja, heute habe ich so ziehend___ Schmerzen vom unteren Rücken bis runter in die Kniekehle.

2. ● Na, Herr Koch. Was macht der Bauch?

   ○ Ach, das wird nicht besser mit meinen quälend___ Magenschmerzen. Ich weiß auch nicht.

   ● Wie ist denn der Schmerz genau? Ist das ein ziehend___ Schmerz oder eher ein drück___?

   ○ Das sind eher so drückend___ Schmerzen.

3. ● Wie sind denn Ihre Schmerzen am Knöchel genau, Frau Wittek? Sind sie stechend___?

○ Nein, es sind brennend___ Schmerzen, hier direkt an der Wunde.

4. ● Guten Morgen, Frau Beyers. Ist der stechend___ Schmerz zwischen den Schulterblättern jetzt besser? Ich sehe, Sie haben in der Nacht ein Schmerzmittel bekommen.

○ Im Moment geht's. Aber ich habe diesen stechend___ Schmerz ganz oft. Kommt das vom vielen Liegen?

5. ● Hallo Frau Brandner, wie fühlen Sie sich heute? Haben Sie immer noch dieses pochend___ Gefühl im Bein?

○ Ja, mein rechter Unterschenkel ist ganz warm und unangenehm pochend___.

6. ● Herr Böhm, haben Sie immer noch diese quälend___ Kopfschmerzen?

○ Ja, ich habe hämmernd___ Schmerzen. hinter der Stirn.

● Sie können gleich ein Schmerzmittel haben, wenn Sie möchten. Und ich gebe an Dr. Kasidov weiter, dass Sie diesen hämmernd___ Kopfschmerz haben.

5 Schmerzen dokumentieren

a Lesen Sie die Dialoge in Aufgabe 4c. Ergänzen Sie dann Maryams Dokumentation in den Patientenakten.

Datum	Uhrzeit		HZ
		Fr. Wittek klagt über einen _____ *Wundschmerz.*	
		Herr Bürstenmacher berichtet über einen _____ *Schmerz vom unteren Rücken bis in die Kniekehle.*	
		Herr Koch gibt _____ *Schmerzen in der Magengegend an.*	
		Frau Brandner berichtet über einen _____ *Schmerz im Unterschenkel.*	

b Was dokumentiert Maryam über Frau Beyers und Herrn Böhm? Schreiben Sie richtig.

1. klagt über / den Schulterblättern / Frau Beyers / Schmerz / zwischen / einen andauernden, stechenden / .

_____

2. berichtet über / Schmerzen / der Stirn / Herr Böhm / hinter / hämmernde / .

_____

→ Mehr zu Körperteilen: S. 54

4   Wundversorgung

1   Wichtige Wörter: Materialien für die Wundversorgung

  21 **a**   Hören Sie die Wörter und markieren Sie den Wortakzent.

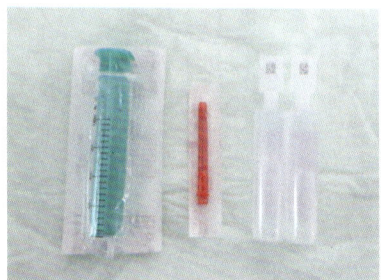

die Spritze
die Aufziehkanüle
die Spüllösung

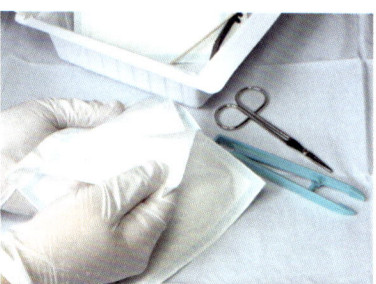

die Handschuhe
die sterile Mullkompresse
die Pinzette
die Verbandsschere

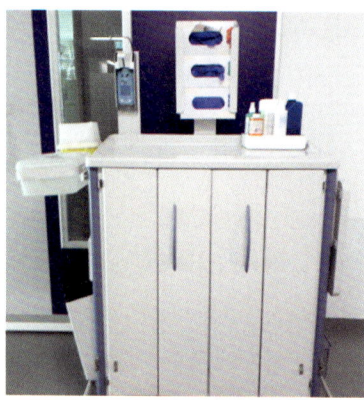

der Verbandswagen

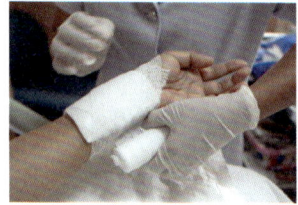

die Unterlage
die Mullbinde
die Wundauflage

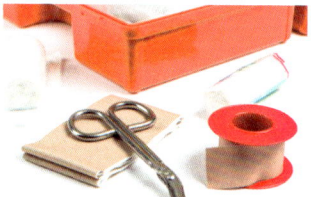

der Verband
das Heftpflaster

der Abwurfbehälter

die Digitalkamera

 21 **b**   Hören Sie noch einmal und sprechen Sie nach.

c   Maryam erklärt Phat den Ablauf beim Verbandswechsel:
Ergänzen Sie passende Wörter von Aufgabe 1a.

Die meisten Materialien findest du im (1) _____.

Als erstes ziehst du die (2) _____ an. Dann legst du eine (3) _____

unter das Bein, damit das Bett nicht schmutzig wird. Du entfernst den alten (4) _____.

Achte dabei auf die Farbe und den Geruch der Wundflüssigkeit. Die benutzten Materialien wirfst du dann

in den (5) _____. Denk daran, die Wunde mit der (6) _____ zu

fotografieren. Du musst die Wunde dann mit einer (7) _____ reinigen. Die ziehst du mit einer

(8) _____ und einer (9) _____ auf. Anschließend trocknest du die

Wunde mit einer (10) _____. Die frische (11) _____ positionierst du dann mit

der (12) _____. Zum Befestigen wickelst du die (13) _____ um das Bein.

Und zum Schluss fixierst du den Verband mit einem (14) _____.

2 Auf die Wundversorgung vorbereiten

a Phat spricht mit Frau Wittek:
Was sagt er wozu? Ordnen Sie zu.

1. Ich würde gerne den Verbandswechsel bei Ihnen durchführen. Pflegerin Maryam wird dabei sein, weil ich noch in Ausbildung bin.

2. Ist das für Sie in Ordnung?

3. Wie geht es Ihnen? Haben Sie Schmerzen? Wenn es sehr unangenehm wird, dann sagen Sie Bescheid, ja?

4. Wir können Ihnen auch noch ein Schmerzmittel geben.

5. Ich entferne gleich den alten Verband und säubere die Wunde.

a) kommentieren / beschreiben, was man macht

b) die Patientin informieren

c) ein Schmerzmittel anbieten

d) die Zustimmung der Patientin einholen

e) nach dem Befinden / Schmerzen fragen

b Schreiben Sie die Kategorien und die Redemittel von Aufgabe 2a ab.

1. *die Patientin informieren: Ich würde gerne* _____
   _____
   _____
   _____

2. *die Zustimmung* _____ :
   _____

3. _____ :
   _____
   _____
   _____

4. _____ :
   _____

5. _____ :
   _____
   _____

c Zu welcher Kategorie passen diese Redemittel? Ergänzen Sie in Aufgabe 2b.

Welchen Wert auf der Skala würden Sie Ihrem Schmerz gerade geben? • Wirkt das Schmerzmittel noch? • Möchten Sie noch etwas gegen die Schmerzen? • Ich wechsle jetzt gleich Ihren Verband. Zuerst mache ich den alten Verband ab. • Ich hoffe, das ist okay für Sie? • Sind Sie damit einverstanden? • Ich muss die Wundversorgung noch üben. Pflegerin Maryam leitet mich an. • Geht das so bei Ihnen / für Sie? • Brauchen Sie ein Schmerzmittel?

3   Die Wundversorgung durchführen

22   **a**   Was sagt Phat beim Wechseln des Verbands? Lesen Sie zuerst die Sätze. Hören Sie dann und nummerieren Sie in der richtigen Reihenfolge.

◯ Ich würde jetzt gerne ein Foto für die Wunddokumentation machen. Ist das in Ordnung?

◯ Dann heben Sie bitte Ihr Bein an, damit ich eine saubere Unterlage darunterlegen kann.

◯ So, jetzt mache ich den alten Verband ab.

◯ Und jetzt reinige ich die Wunde. Nicht erschrecken, das wird jetzt ein bisschen kalt.

◯ Wir sind gleich fertig. Ich lege jetzt nur noch den neuen Verband an und fixiere ihn.

① So, Frau Wittek, sind Sie bereit? Dann machen wir jetzt den Verbandswechsel.

22   **b**   Ergänzen Sie den Dialog mit den Sätzen von Phat. Hören Sie dann zur Kontrolle.

● _So, Frau Wittek, sind_____?

_____ _____

◯ Ja, o.k.

● Gut, danke. _____

_____ . Prima. Jetzt können Sie es wieder ablegen.

Okay, dann fangen wir an. Wenn Sie große Schmerzen haben, sagen Sie es, ja?

◯ Okay.

● _____. … Ging es, Frau Wittek?

◯ Ja, das war nicht so schlimm. Wie sieht die Wunde aus?

● Sie sieht noch nicht so gut aus. Sie eitert noch. _____

_____

◯ Ja, machen Sie nur.

● Moment … so. O.k., _____

Geht es noch bei Ihnen? _____

◯ Ja, es ist alles in Ordnung. Das machen Sie gut!

● Danke. _____

_____ So geschafft. Gibt es noch etwas, was ich für Sie tun kann?

◯ Nein, vielen Dank.

 23   **c**   Hören Sie den Dialog noch einmal. Sprechen Sie in den Pausen, was Phat sagt.

4 Einen Merkzettel schreiben

a Ergänzen Sie Phats Notizen zur Wundversorgung.

> reinigen • bereitlegen • aufziehen • entsorgen • anziehen • abtrocknen • entfernen • achten • verabreichen • informieren • ausfüllen • fotografieren • desinfizieren • anlegen • dokumentieren.

1. Patienten _____
2. bei Bedarf Schmerzmittel _____
3. Hände _____
4. Materialien _____
5. Einmalhandschuhe _____
6. alten Wundverband _____
7. auf Menge, Geruch und Farbe des Exsudates _____
8. Wunde für die Dokumentation _____
9. alle Einmalmaterialien im Abwurfbehälter _____
10. Spüllösung _____
11. Wunde _____
12. Wundränder _____
13. neuen Wundverband _____
14. die Wundversorgung _____ und den Wundbogen _____

24 **b** Phat liest Maryam seine Notizen vor. Hören und kontrollieren Sie.

5 Wunden beschreiben

25 **a** Was ist richtig? Hören Sie und kreuzen Sie an. Mehrere Antworten können richtig sein.

1. Wem beschreibt Phat die Wunde?   (a) Maryam   (b) Frau Wittek   (c) Dr. Kasidov

2. Was beschreibt Phat?   (a) den Wundgrund   (b) den Wundrand   (c) die Wundumgebung
(d) das Wundexsudat   (e) den Wundschmerz   (f) den Wundgeruch

3. Welche klassischen Entzündungszeichen vergisst Phat in seiner Beschreibung?

(a) Schwellung   (b) Schmerzen   (c) Rötung   (d) Hauttemperatur   (e) Beweglichkeit

b Was ist was bei einer Wunde? Ordnen Sie die passenden Wörter aus Nr. 2 von Aufgabe 5a zu.

(1) Die _____ beschreibt die an den Wundrand angrenzende Haut.

(2) Der _____ ist der Bereich zwischen Wundgrund und Haut (auch Epithelinseln in der Wundfläche).

(3) Der _____ wird nach dem Gewebetyp (Granulationsgewebe, Muskulatur, Bandstruktur, Knochen etc.) und der Farbbeurteilung beurteilt und beschrieben.

26 **c**   Wie ist die Wunde von Frau Wittek? Hören Sie Phats Beschreibung. Ordnen Sie dann zu.

[aufgeweicht • eitrig • mazeriert • fibrinös • übelriechend • unregelmäßig • gerötet]

1. Der Wundgrund ist _____ belegt.

2. Die Wundränder sind _____ und _____, _____.

3. Die Wundumgebung ist _____.

4. Das Wundexsudat ist _____ und _____.

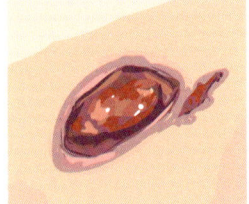

d   Was bedeuten die Begriffe? Verbinden Sie.

1. die Nekrose   a) ein gelblicher Belag auf der Wunde

2. die Granulation   b) gelbliche Wundflüssigkeit

3. die Epithelisierung   c) Aufweichen der Haut durch Nässe

4. der Fibrinbelag   d) Absterben von Gewebe

5. die Mazeration   e) Schwellung, Schmerzen, Rötung, Überwärmung,
                                           Funktionseinschränkung

6. das Wundexsudat / das Wundsekret   f) Nachwachsen neuer Haut

7. der Eiter   g) Verschluss einer Wunde durch Gewebeschicht

8. die Entzündungszeichen   h) von der Wunde abgesonderte Flüssigkeit

6   Wichtige Wörter: Wunden beschreiben

a   Welche Begriffe passen zusammen? Verbinden Sie.

1. der Eiter   mazeriert   7. die Entzündung   epithelisiert

2. die Mazeration   nekrotisiert   8. die Rötung   flüssig

3. der Belag   belegt   9. die Epithelisierung gerötet

4. die Nekrose   eingeschränkt   10. der Wulst   entzündet

5. die Einschränkung   eitrig   11. die Flüssigkeit   wulstig

6. das Fibrin   fibrinös   12. die Granulation   granuliert

  27 **b**   Hören Sie die Begriffe. Markieren Sie den Wortakzent in Aufgabe 6a.
Hören Sie dann noch einmal und sprechen Sie nach.

c   Trennen Sie die Begriffe in der Wortschlange. Schreiben Sie die Begriffe und ergänzen Sie bei Nomen
den Artikel.

WUNDSEKRETMAZERATIONEITRIGENTZÜNDUNGSZEICHENFIBRINBELAGAUFGEWEICHTENTZÜNDET

_____

_____

7   Die Wunde dokumentieren

a   Ordnen Sie die Überschriften dem Wunddokumentationsbogen von Frau Wittek zu.

[Entzündungszeichen • Wundgrund • Wundrand • Wundumgebung • Wundexsudat • Wundgeruch]

Wundzustand

_____	○ Nekrose ○ Granulation ○ Epithelisierung ○ Fibrinbelag ○ Knochen ○ Sehnen ○ Muskeln
_____	○ mazeriert ○ livide ○ vital ○ wulstig
_____	○ trocken ○ feucht ○ mazeriert ○ gerötet
_____	○ kein ○ wenig ○ mäßig ○ viel ○ klar ○ eitrig ○ serös ○ gelblich
_____	○ nein ○ ja: _____
_____	○ keine ○ Rötung ○ Schwellung ○ Überwärmung ○ Funktionseinschränkung ○ Schmerzen

b   Hören Sie: Wie füllt Phat den Bogen aus? Kreuzen Sie an und ergänzen Sie in Aufgabe 7a.

8   Mit dem Arzt sprechen

a   Welche Situation findet hier statt?

ⓐ während der Untersuchung

ⓑ vor der Arztvisite bei Frau Wittek

ⓒ bei der Übergabe an die Spätschicht

b   Maryam beschreibt Dr. Kasidov die Wunde von Frau Wittek. Ergänzen Sie den Dialog.

[übelriechend • fibrinös • Fotos • gerötet • Wundexsudat • mazeriert • geschwollen • Wunde • Verband • Visite • fotografiert • Schmerzen]

○ Wie geht es denn Frau Wittek heute?

● Ganz gut. Aber sie hat noch (1) _____ am Knöchel.

   Wir haben heute Morgen den (2) _____ gewechselt.

○ Wie sieht denn die (3) _____ aus?

● Sie sieht entzündet aus und ist (4) _____ belegt.

○ Gibt es sonstige Entzündungszeichen?

● Ja, die Wundumgebung ist (5) _____ und das Bein ist (6) _____.

   Das (7) _____ ist eitrig und (8) _____. Die Wundränder sind

   (9) _____. Wir haben die Wunde (10) _____.

○ Gut, dann schauen wir die (11) _____ nach der (12) _____ in Ruhe

   zusammen an und überlegen, wie wir weitermachen. Vielleicht wäre ja ein Alginat sinnvoll. Insgesamt

   macht Frau Wittek ja gute Fortschritte.

1   Diagnose und Diagnostik

1   Mit Angehörigen sprechen

a   Am Nachmittag auf Station: Wen sieht Pfleger Stefano im Patientenzimmer? Ergänzen Sie.

1. den P_ _ _ _ _ _ e n, Herrn Kaya

2. seine _ _ _ u, Elif Kaya

3. seine T _ _ _ _ _ _, Nesrin Bulut

4. seinen Schwieger _ _ _ _, Enver Bulut

29 b   Was ist richtig? Hören Sie das Gespräch und kreuzen Sie an.

1. Der Patient und die Angehörigen …

a fragen nach Stühlen.

b möchten mit dem Stationsarzt sprechen.

c haben die Diagnose nicht verstanden.

2. Pfleger Stefano …

a darf keine Auskunft geben.

b kann die Diagnose erklären.

c holt die Stationsärztin.

2   Eine Diagnose nennen und erklären

30 a   Was hat Herr Kaya? Hören Sie das Gespräch weiter und verbinden Sie.

1. Die Diagnose lautet   weitere Diagnostik durchführen.
2. Bei Ihrem Vater wurde   hypertensive Krise.
3. Wir müssen noch   ein Lungenödem diagnostiziert.

b   Wie erklärt Stefano die Diagnose? Lesen und ergänzen Sie.

> anstieg • Atemnot • besser • geschwollen • hoch • hohen • hypertensive • Lungenödem •
> stabilisieren • Wasser

Die Diagnose lautet (1) _____ Krise. Das ist ein plötzlicher, massiver (2) Blutdruck-

_____. Als Sie bei uns eingeliefert wurden, war Ihr Blutdruck bei 240 zu 110. Das ist extrem

(3) _____. Man konnte Sie auf der Intensivstation (4) _____. Ihr Blutdruck ist jetzt

(5) _____. Mit dem (6) _____ Blutdruck ist das Herz überfordert. So kam es zu

dem (7) _____, da staut sich (8) _____ in der Lunge. Deshalb hatten Sie so große

(9) _____. Sie haben auch noch Wasser in den Beinen, deshalb sind Ihre Beine ganz dick und

(10) _____.

3 Wichtige Wörter

 **31**   **a**   Hören Sie die Fachbegriffe und markieren Sie den Wortakzent. Hören Sie dann noch einmal und sprechen Sie nach.

die Diagn<mark>o</mark>stik   diagnostizieren   diagnostiziert   die Diagnose

b   Lesen Sie den Tipp. Ergänzen Sie dann die passenden Fachwörter in der richtigen Form.

> **TIPP**   diagnostizieren > eine Krankheit feststellen (Perfekt > hat … diagnostiziert)
> die Diagnose > die Feststellung einer Krankheit
> die Diagnostik > Untersuchungen zur Abklärung einer Krankheit

Bei Ihnen haben die Ärzte ein Lungenödem (1) _____. Ihre

(2) _____ lautet also: Lungenödem. Wir müssen jetzt noch

weitere (3) _____ durchführen, das heißt noch weitere

Untersuchungen machen. Das Nächste ist bei Ihnen eine Langzeitblutdruckmessung.

4 Schwierige Wörter richtig aussprechen

 **32**   **a**   Hören Sie die Wörter und markieren Sie den Wortakzent.

die Intens<mark>i</mark>vstation   die hypertensive Krise   das EKG   der Blutdruck
der Blutdruckanstieg   die Blutdruckmessung   das Blutdruckmessgerät
die Langzeitblutdruckmessung   das Blutdruckmedikament
die Schwellung   das Lungenödem   die Flüssigkeit   die Trinkmengenbeschränkung

b   Welche Wörter von Aufgabe 4a passen? Ordnen Sie zu.

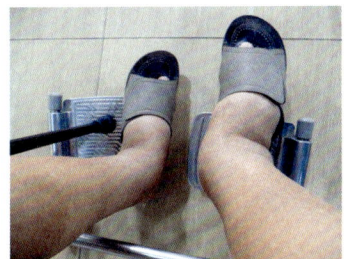   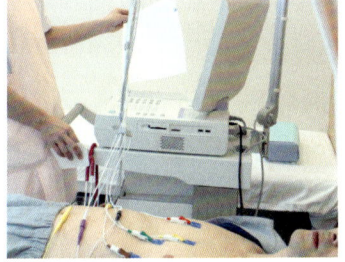   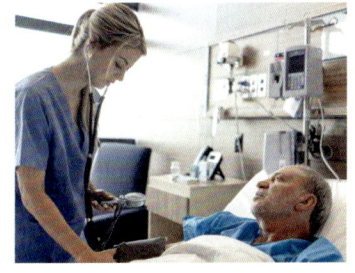

1. _____ in den Beinen   2. _____   3. _____

c   Welche Verben stecken in den Nomen? Unterstreichen und ergänzen Sie die passenden Verbformen.

1. Blutdruck<u>anstieg</u> → _ansteigen_ → der Blutdruck _____ _____, ist <u>angestie</u>gen.

2. Langzeitblutdruckmessung → _____ → den Blutdruck über eine längere Zeit _____, der Blutdruck wird eine längere Zeit gemessen.

3. Schwellung → _an_____ → die Beine schwellen an, die Beine sind angeschwollen.

4. Trinkmengenbeschränkung → _____ → der Arzt _____ die Trinkmenge, der Patient darf nur eine beschränkte Menge trinken, die Trinkmenge ist beschränkt.

5   Patienten Zusammenhänge und Folgen erklären

a   Lesen Sie Stefanos Aussagen: Was ist zuerst passiert?
Was ist die Folge? Unterstreichen Sie.

1. Sie haben Ihre Medikamente längere Zeit nicht mehr
   genommen. Infolgedessen ist Ihr Blutdruck angestiegen.

2. Ihr Blutdruck war extrem hoch, daher kamen Sie auch gleich auf die Intensivstation.

3. Jetzt ist Ihr Blutdruck besser, folglich hat man Sie zu uns auf die kardiologische Station gebracht.

b   Wie verbindet Stefano seine Aussagen? Markieren Sie in Aufgabe 5a.

c   Lesen und ergänzen Sie den Tipp.

Folge • 2 • folglich • daher • Komma • 1

TIPP

Wenn Sie ausdrücken wollen, dass aus der Handlung im 1. Satz die Handlung im 2. Satz folgt, können
Sie die beiden Sätze mit folgenden Adverbien verbinden: _____, *darum, deshalb,*
deswegen, _____ oder *infolgedessen.*

			Folge	
Sie hatte eine hypertensive Krise.			*Sie kamen auf die Intensivstation.*	
	1	2	3	
Sie hatte eine hypertensive Krise,	*darum/folglich*	*kamen*	*Sie*	*auf die Intensivstation.*
Jetzt geht es Ihnen besser,	*Sie*	*kamen*	*daher*	*auf unsere Station.*

Die _____ steht immer im 2. Satz! Das Verbindungsadverb kann auf Position _____ oder 3
stehen. Das konjugierte Verb steht immer auf Position _____.

Die Sätze können durch einen Punkt oder ein _____ getrennt werden.

d   Welcher Satz ist die Folge? Unterstreichen Sie. Schreiben Sie dann in der richtigen Reihenfolge ab.

1. Flüssigkeit staut sich in der Lunge. Mit dem hohen Blutdruck ist das Herz überfordert.

2. Sie bekommen schwer Luft. In Ihrer Lunge staut sich das Wasser.

3. Sie haben auch gestaute Flüssigkeit in den Beinen. Ihre Beine sind geschwollen.

1. _____, deshalb _____

_____

2. _____. Infolgedessen _____

_____

3. _____, daher _____

_____

e   Stefano erklärt weiter: Schreiben Sie die Sätze richtig.

1. Sie haben Ihre Medikamente nicht mehr regelmäßig genommen,

   infolgedessen ist Ihr Blutdruck angestiegen.

   (Ihr / infolgedessen / Blutdruck / angestiegen / ist)

2. Wir wollen wissen, wie sich ihr Blutdruck über einen längeren Zeitraum verhält.

   _____

   (machen / ab morgen / eine Langzeitblutdruckmessung / wir / Deshalb)

3. Es besteht die Gefahr, dass Sie noch weiter Wasser einlagern.

   _____

   (bekommen / eine Trinkmengenbeschränkung / Folglich / Sie)

4. Wir müssen auch bei Herrn Zettel die Werte messen.

   _____

   ich / Darum / muss / zu gehen / Ihren Besuch / bitten, kurz aus dem Zimmer

5. Helena muss das noch üben,

   _____

   (deswegen / sie / wird / die Messungen / durchführen)

6. Stefano braucht den Wagen mit den Patientenkurven.

   _____

   (notiert / Daher / die Werte / auf Papier / Helena)

TIPP

> _folglich / infolgedessen_ werden hauptsächlich in der Fachsprache und Schriftsprache verwendet.
> Mündlich sagt man eher _darum / deshalb_.

f   Schreiben Sie die Sätze von Aufgabe 5e noch einmal mit dem Verbindungsadverb auf Position 3.

1. _____
   _____

2. _____
   _____

3. _____
   _____

4. _____
   _____

5. _____
   _____

6. _____
   _____

2   Werte Messen und dokumentieren

1   Eine Patientenkurve lesen und verstehen

a   Lesen Sie die Fragen. Suchen Sie die Antworten in der Patientenkurve von Herrn Kaya und notieren Sie.

Blatt: *1*			Name: *Kaya, Vorname ?*		
Datum (Krankheitstag)			*12.03. (1)*	*13.0*	
Trinkmengen-beschränkung: max. 1500ml tgl.	Puls	Temp			
	140	40			
	120	39			
	100	38			
	80	37			
	60	36			
	40	35			
RR			*155/85*		
Stuhl			*Ø*		
Größe/Gewicht			*173cm/87Kg*		
BZ mg/dl					
Urin/Bl-Kath					
AF/min			*17*		
SpO2			*95%*		
Kost	*kochsalzarm*				
Medikation	*Ramipril Tbl., 5 mg.*			*1 - 0 - 0*	
	Betablocker Tbl. 95 mg.			*1 - 0 - 0*	
	Furosemid Tbl. 40 mg.			*1 - 0 - 0*	
	Kalium-Brause 20mmol			*1 - 0 - 0*	
	Heparin-Natrium s.c. 7500 IE			*1 - 0 - 0*	
	Acetylsalicylsäure 100mg			*0 - 1 - 0*	
	Digoxin 0,1mg			*0 - 1 - 0*	
	Atorvastatin Tbl. 40 mg			*0 - 0 - 1*	
	Pantoprazol 20mg Tbl.			*0 - 0 - 1*	

1. Wie groß ist Herr Kaya?

_____

2. Wie ist das aktuelle Körpergewicht?

_____

3. Wie war die Temperatur im Frühdienst?

_____ °C

4. Wie war der Puls im Frühdienst?

_____

5. Wie ist der zuletzt gemessene Blutdruck?

_____

6. Wie war die Sauerstoffsättigung im Frühdienst? _____

7. Hatte der Patient heute schon Stuhlgang?

○ ja   ○ nein

8. Welche Kost bekommt er?

_____ *e Kost*

9. Wann bekommt der Patient Ramipril?

○ morgens   ○ mittags   ○ abends

10. Wann bekommt er Acetylsalicylsäure?

○ morgens   ○ mittags   ○ abends

11. Wie viel mg Furosemid bekommt er?

_____

b   Was bedeuten die Abkürzungen? Verbinden Sie.

RR	Temperatur	p.o.	subcutan	tgl.	Kilogramm
BZ	Blutdruck	s.c.	intramuskulär	cm	Centimeter
P	Tablette	b. Bdf.	per os / oral	diast.	täglich
Tbl.	Blutzucker	i.v.	bei Bedarf	kg	systolisch
T	Puls	i.m.	intravenös	syst.	diastolisch

2 Vitalzeichen messen

33 a Welche Vitalzeichen misst Helena bei Herrn Kaya?
Hören Sie das Gespräch, kreuzen Sie dann an und notieren Sie die
Werte auf dem Notizzettel.

Helena misst … ○ den Blutdruck ○ den Puls ○ die Temperatur
○ die Sauerstoffsättigung ○ die Atmung

Hr. Kaya	_Hr. Zettel_
RR: _____ / _____	RR: _90/55_
P: _____	P: _76_
T: _____	T: _38,5_
SpO2: _____	

b Gespräch beim Blutdruckmessen: Ergänzen Sie.

[anlegen • freimachen • fühle • messen • hochschieben • kontrolliere • ruhig halten • ausziehen]

⬤ Herr Kaya, kann ich Ihre Vitalzeichen (1) _____?

Würden Sie bitte Ihren Arm (2) _____, damit ich

Ihnen die Blutdruckmanschette

(3) _____ kann.

○ Soll ich das Oberteil (4) _____?

⬤ Nein, es reicht, wenn Sie den Ärmel etwas (5) _____.

Ihr Blutdruck ist 165 zu 90. Jetzt (6) _____ ich noch Ihren Puls.

Der ist 100 und ganz regelmäßig.

Jetzt (7) _____ ich noch die Sauerstoffsättigung. Dazu brauche ich kurz Ihren Zeigefinger.

Vielen Dank. 96%, das ist in Ordnung.

Und zum Schluss noch die Temperatur. Können Sie Ihren Kopf kurz (8) _____?

Wunderbar, danke.

3 Vitalzeichen dokumentieren

Tragen Sie die Werte von Herrn Zettel (Aufgabe 2a)
in das Kurvenblatt unten ein, die von Herrn Kaya in
die Kurve auf S. 44.

Blatt: _1_			Name: _Zettel, Micha_	
Datum (Krankheitstag)			_12.03._ (1)	_13.0_
	Puls	Temp		
	140	40		
	120	39	⬤	
	100	38		
	80	37		
	60	36	🔴	
	40	35		
RR			_100/60_	
Stuhl			∅	
Größe/Gewicht			_180/80_	

4   Arbeitsergebnisse beschreiben

a   Helena und Stefano überlegen: Was ist schon erledigt?
Ergänzen Sie.

> erledigt • gemessen • ~~kontrolliert~~ • informiert • aktualisiert

● Sind die Vitalzeichen der Patients jetzt alle _kontrolliert_?

○ Ja, die Vitalzeichen sind alle _ _ _ _ _ _ _ _.

● Gut. Sind die Patientenkurven auch schon alle _ _ _ _ _ _ _ _ _ _ _ _?

○ Ja, das ist schon _ _ _ _ _ _ _ _.

● Prima. Und ist Herr Zettel über seine nächste Untersuchung _ _ _ _ _ _ _ _ _ _ ?

○ Nein, das habe ich noch nicht gemacht. Ich dachte, du machst das …

TIPP

G

Einen Zustand, der das Ergebnis einer Handlung ist, können Sie mit dem **Zustandspassiv** ausdrücken.
Die handelnde Person ist dabei nicht wichtig, nur das Ergebnis dieser Handlung.

Ich habe die Werte gemessen.
(**Aktiv**: die handelnde Person/die Handlung stehen im Vordergrund)
Die Werte werden / wurden gemessen.
(**Vorgangspassiv**: die Handlung steht im Vordergrund)   › Mehr zu Passiv: S. 66/74
Die Werte sind gemessen.
(**Zustandspassiv**: der Zustand steht im Vordergrund, die Handlung ist abgeschlossen)
Das Zustandspassiv bilden Sie mit der konjugierten Form von *sein* + **Partizip II**.
Das Zustandspassiv ist in 2 Zeitformen gebräuchlich, z.B.:
Die Werte **sind gemessen**. (Präsens)   Die Werte **waren gemessen**. (Präteritum)

---

b   Stefano fragt weiter. Schreiben Sie Antworten im Zustandspassiv wie im Beispiel.

1. ● Hast du die Betten im Zimmer 27 gemacht?

   ○ *Ja, die Betten sind gemacht.*

2. ● Hast du bei Herrn Zettel die Bettdecke frisch bezogen?

   ○ _____

3. ● Hast du die Blutproben im Labor abgeliefert?

   ○ _____

4. ● Hast du bei Frau Mayer den Tropf angehängt?

   ○ _____

5. ● Und hast du das in ihrer Akte dokumentiert?

   ○ _____

6. ● Hast du das Blutzuckermessgerät überprüft?

   ○ _____

5 Wichtige Wörter

 a Hören Sie die Adjektive und markieren Sie den Wortakzent. Hören Sie dann noch einmal und sprechen Sie nach.

<mark>a</mark>rrhythmisch   beschleunigt   flach   niedrig   kräftig   schwach   unregelmäßig

hoch   langsam   schnell   rhythmisch   regelmäßig

b Ordnen Sie die Adjektive von 5a zu. Manche Wörter passen zu mehreren Begriffen.

Der Puls ist / war …	Die Temperatur ist / war …	Die Atmung ist / war …
arrhythmisch, _____	_____	_____
_____	_____	_____
_____	_____	_____
_____		_____
_____		

c Was ist das Gegenteil? Ergänzen Sie.

rhythmisch – _____   hoch – _____

schwach – _____   langsam – _____

6 Über die Vitalzeichen der Patienten berichten

a Lesen Sie den Tipp. Unterstreichen Sie die Adjektive in den Beispielsätzen.

TIPP

Adjektive können attributiv (links vom zugehörigen Nomen) oder prädikativ (nach den Verben *sein, bleiben, werden*) verwendet werden.

Der Blutdruck von Herrn Zettel war niedrig. Sein Puls war regelmäßig. (prädikativ)
Herr Zettel hatte einen niedrigen Blutdruck und eine regelmäßige Atmung. (attributiv).

Bei der attributiven Verwendung müssen Sie das Adjektiv deklinieren. Die Endung des Adjektivs hängt von den Merkmalen des Nomens ab: Genus, Numerus (Singular oder Plural), Art des Artikels und Kasus (Nominativ, Genitiv, Dativ, Akkusativ).

→ Übersicht Adjektivdeklination: S. 87

b Was berichtet Helena über die Patienten auf der Station? Ergänzen Sie die richtige Adjektivendung, wo nötig.

1. Herr Zettel hatte einen niedrig*en* Blutdruck. Er klagt über stark____ Schwindel. Kann der niedrig____ Blutdruck die Ursache dafür sein?

2. Herr Zettel hatte einen sehr kräftig____ Puls. Ist der kräftig____ Puls in Ordnung?

3. Herrn Kayas Beine sind immer noch geschwollen____. Seine geschwollen____ Beine sind ihm sehr unangenehm. Mit seinem neu____ Medikament wird das hoffentlich bald besser.

4. Herr Kaya hat stark____ Durst. Darf ich ihm ein groß____ Glas Wasser geben?
   Nein, das ist keine gut____ Idee. Herr Kaya hat doch eine streng____ Trinkmengenbeschränkung.
   Die geplant____ Menge für den Tag darf er leider nicht überschreiten.

5. Frau Meyer hatte normal____ Vitalwerte. Aber ihr Blutzucker war viel zu hoch____. Ist der hoh____ Blutzucker gefährlich?

3   Flüssigkeitsbilanzierung

1   Die Trinkmengenbeschränkung erklären

🎧 35 **a**   Was ist richtig? Hören Sie und kreuzen Sie an.

1. Herr Kaya hat …

ⓐ noch Ödeme in den Beinen.

ⓑ noch viel Flüssigkeit in der Lunge.

ⓒ keine Ödeme mehr.

2.   Seine Trinkmenge ist … beschränkt.

ⓐ nicht

ⓑ auf einen halben Liter pro Tag

ⓒ auf 1,5 Liter pro Tag

3.   Er möchte …

ⓐ seine Trinkmenge in kleinen Portionen.

ⓑ ein Kännchen Kaffee.

ⓒ keine Suppe zum Mittagessen.

🎧 35 **b**   Wozu macht man das? Verbinden Sie. Hören Sie zur Kontrolle.

1.   die Trinkmenge beschränken

2.   kleine Trinkportionen bringen

3.   Wassertabletten nehmen

4.   täglich wiegen

5.   die Urinmenge erfassen

a)   das Wasser in den Beinen reduzieren

b)   weniger Wasser einlagern

c)   die Ein- und Ausfuhrmenge bilanzieren

d)   sehen, ob die Ödeme zurückgehen

e)   dem Patienten fällt die Einteilung leichter

_____   _____

c   Was beschreiben die Sätze von 1b: *die Maßnahme* oder *das Ziel der Manahme*? Ordnen Sie zu.

2   Das Ziel einer Maßnahme darlegen

a   Lesen Sie die Maßnahmen. Ordnen Sie das passende Ziel zu.

> um weniger Wasser einzulagern. • damit Sie am Abend nicht so durstig sind. •
> um dann mehr trinken zu dürfen. • damit die Beine abschwellen. • um zu sehen,
> ob Ihre Ödeme zurückgehen. • damit Ihnen die Einteilung leichter fällt. •
> um noch weitere Diagnostik durchzuführen.

1. Sie müssen Ihre tägliche Trinkmenge beschränken, _____

2. Teilen Sie sich das Wasser über den Tag gut ein, _____

3. Wir können Ihnen kleine Trinkportionen bringen, _____

4. Sie können mittags die Suppe weglassen, _____

5. Die Tabletten müssen Sie nehmen, _____

6. Ab morgen werden wir Sie täglich wiegen, _____

7. Wir werden Ihren Urin sammeln, _____

b Lesen Sie den Tipp. Markieren Sie das Subjekt in den Beispielsätzen.

TIPP

Der Konnektor **damit** leitet einen Nebensatz (NS) ein, der eine finale Bedeutung hat. Im Hauptsatz (HS) steht dabei eine Handlung, im NS steht das Ziel dieser Handlung. Das Subjekt im HS und NS kann unterschiedlich oder identisch sein.

HS: Handlung   NS: Ziel der Handlung

==Ich== erkläre Ihnen die Trinkmengenbeschränkung, **damit** Sie die Maßnahmen verstehen.
Sie müssen Ihre Trinkmenge beschränken, **damit** Sie weniger Wasser einlagern.

Wenn das Subjekt im HS und im NS identisch sind, dann kann der finale Zusammenhang auch durch die Konstruktion **um … zu** + **Infinitiv** ausgedrückt werden. Im Infinitivsatz wird das Subjekt nicht genannt.

HS: Handlung   Infinitivkonstruktion: Ziel der Handlung

Sie müssen Ihre Trinkmenge beschränken, **um** weniger Wasser ein**zu**lagern.

Der damit-Satz und der Infinitivsatz können auch vor dem Hauptsatz stehen, das Verb des Hauptsatzes folgt dann direkt nach dem Komma.

Damit Sie die Maßnahmen verstehen, erkläre ich Ihnen die Trinkmengenbeschränkung.
Um weniger Wasser ein**zu**lagern, müssen Sie Ihre Trinkmenge beschränken.

c Welche Sätze beschreiben das Ziel? Unterstreichen Sie. Verbinden Sie die Sätze dann mit *damit.*

1. Sie müssen Ihre Trinkmenge einteilen. Sie sind abends nicht so durstig.

2. Wir bringen Ihnen das Wasser in kleinen Portionen. Ihnen fällt die Einteilung leichter.

3. Sie müssen die Blutdrucktabletten nehmen. Ihr Blutdruck reguliert sich.

4. Sie sollten besser kein Obst essen, das viel Wasser enthält. Sie nehmen weniger Flüssigkeit auf.

5. Wir möchten Ihr Herz unterstützen. Alles andere funktioniert dann auch wieder besser.

_____

_____

_____

_____

_____

_____

_____

_____

d Markieren Sie in Aufgabe 2c alle Subjekte. Welche Sätze sind auch mit „*um … zu*" möglich? Schreiben Sie diese Sätze.

_____

_____

_____

3   Sammelurin: Ein Quiz

1. Was ist das? Orden Sie die Behälter zum passenden Bild.

[der Urin-Katheter-Beutel • der Urinbecher • der Sammelurinbehälter • die Urinflasche]

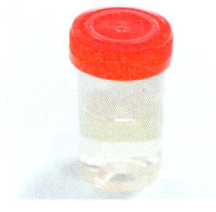   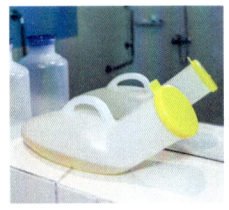   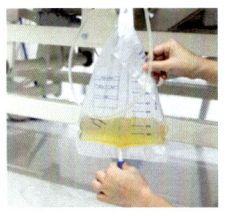   

ⓐ _____   ⓑ _____   ⓒ _____   ⓓ _____

2. Was kontrolliert man bei einer Flüssigkeitsbilanzierung?

ⓐ die Ein- und Ausfuhr von Flüssigkeiten

ⓑ die Blutwerte und die Blutmenge

ⓒ die Menge der Lymphflüssigkeit

3. Was ist eine positive Flüssigkeitsbilanz? Der Körper …

ⓐ nimmt mehr Wasser auf als er ausscheidet.

ⓑ scheidet mehr Wasser aus als er aufnimmt.

ⓒ scheidet so viel Wasser aus wie er aufnimmt.

4. Wozu sammelt man den Urin?

ⓐ zur Bestimmung der Trinkmenge

ⓑ zur weiteren Diagnostik

ⓒ als therapeutische Maßnahme

5. Wie lange sammelt man den Urin?

ⓐ keine bestimmte Zeit lang

ⓑ einen Nachmittag lang

ⓒ z. B. 24 Stunden lang

4   Eine diagnostische Maßnahme vorbereiten

 a   Was sagen Stefano und Helena? Hören und unterstreichen Sie.

1. Herr Kaya soll ab morgen für 24 Stunden seinen Urin sammeln.
   Herr Kaya soll nicht ab morgen für 24 Stunden seinen Urin sammeln.

2. Bereite die Sachen vor.   Bereite die Sachen nicht vor.

3. Nein, ich weiß leider nicht, wie das geht.   Ja, ich weiß, wie das geht.

4. Ich kann dir das jetzt leider nicht erklären.   Ich kann dir das jetzt erklären.

b   Lesen Sie den Tipp. Markieren Sie dann Negationswörter in den Aussagen von Aufgabe 4a.

> **TIPP**
> **G**
>
> **Negation**
>
> *Nein* ist satzäquivalent und verneint eine Ja/Nein-Frage: *Weißt du, wie das geht? Nein.*
>
> *Nicht* verneint eine ganze Aussage oder Teile davon. Wird die ganze Aussage verneint, steht *nicht*
> - am Satzende: *Herr Kaya schläft nicht.*
> - vor dem zweiten Verb: *Er kann nicht schlafen.*
> - vor dem zweiten Verbteil: *Er hat nicht geschlafen.*
> - vor der Vorsilbe von trennbaren Verben: *Er schläft nicht ein.*
> - vor der Prädikatsergänzung: *Er schläft nicht gut.*
>
> In der Regel steht *nicht* links von dem Element, das vereint wird:
> Er schläft nicht <u>vor 10 Uhr</u> ein.

c   Schreiben Sie Verneinungen.

1. Herr Kaya hat geklingelt.

    Nein, _____. Das war

    Hr. Zettel.

2. Stefano kann die Sachen jetzt vorbereiten.

    _____. Er muss jetzt weg.

3. Helena kennt sich gut mit dem Sammelurin aus.

    Nein, _____

4. Helena kann die Vorbereitung alleine übernehmen.

    _____

5. Der Urin muss ab heute Abend gesammelt werden.

    Nein, _____. Erst ab morgen Früh.

37   **d**   Stefano erklärt Helena die Vorbereitung: Was ist richtig? Hören Sie und kreuzen Sie an.

1. Helena weiß ○ **alles** ○ **nichts** über den Sammelurin.
2. Helena hat die Maßnahme ○ **schon irgendwann** einmal ○ **noch nie** durchgeführt.
3. ○ **Niemand** ○ **Jemand** hat Helena bisher den Sammelbehälter gezeigt.
4. Helena hat den Behälter ○ **irgendwo** ○ **nirgends** gesehen.
5. Helena hat die Patientenakte ○ **irgendwohin** ○ **nirgendwohin** gelegt.

e   Was bedeuten die fett markierten Wörter in Aufgabe 5d? Ordnen Sie zu.

(einen (gesamten) Sachverhalt):	_alles_ → _____	(keine Sache)
(zu einer unbestimmten Zeit)	_____ → _____	(zu keiner Zeit)
(eine unbestimmte Person)	_____ → _____	(keine Person)
(an einem unbestimmten Ort)	_____ → _____	(an keinem Ort)
(an einen unbestimmten Ort)	_____ → _____	(an keinen Ort)

TIPP

G

Die meisten dieser „Negationswörter" setzen sich aus dem positiven Wort und einem
Negationselement zusammen:
irgendwohin – nirgendwohin
irgendwer / jemand – _niemand_

Weitere „Negationswörter" und ihre positiven Entsprechungen sind:
s_chon – noch nicht_
schon – nicht mehr / noch kein-
immer – nie
irgendwann – nie
überall – nirgends
etwas – nichts (bezieht sich nie auf Menschen)

f   Lesen Sie die Dialoge und ergänzen Sie das passende Negationswort.

1. Hast du Dr. Kausinzki <u>irgendwo</u> gesehen?

    Nein, ich habe sie _____ gesehen.

2. Hat heute <u>jemand</u> nach Herrn Zettel gefragt?

    Nein, _____, warum?

3. Ist <u>schon alles</u> vorbereitet?

    Nein, _____ ist vorbereitet. Ich hatte noch keine Zeit.

4. Deine Pause hast du <u>schon</u> gemacht, oder?

    Nein, _____, aber gleich.

5. Können wir Herrn Zettel <u>etwas</u> gegen die Schmerzen geben?

    Nein, im Moment können wir ihm _____ geben. Erst später.

6. <u>Irgendwer</u> hat Herrn Kaya eine große Flasche Wasser gegeben. Hat _____ den Angehörigen

    gesagt, dass er nicht so viel trinken soll?

g   Stefano erklärt weiter. Welche Negationswörter passen?
         Ergänzen Sie.

> niemand • nirgendwo • nichts • niemand •
> noch nirgends • noch nie • noch nicht

● So, den Behälter haben wir jetzt. Stell den bitte mal irgendwohin, hier ist (1) _____ Platz dafür.

○ Hier auf dem Wagen ist Platz.

● O.k., danke. Dann brauchen wir noch die Blätter, auf denen man die Urinmengen dokumentieren muss.

    Hast du die wirklich (2) _____ gesehen?

○ Doch, die habe ich schon mal gesehen, aber bis jetzt hat mir (3) _____ erklärt, was man wo

    reinschreibt.

● Ach so. Die Blätter müssten hier im Schrank sein oder im Regal unten.

○ Ich habe sie schon überall gesucht, aber (4) _____ gefunden. Sieh du bitte nochmal

    nach.

● Schau, hier sind sie. Jetzt müssen wir nur noch ein Patientenetikett von Herrn Kaya ausdrucken und

    aufkleben. Und das hat dir auch noch (5) _____ gezeigt?

○ Doch, schon. Ich habe das bloß (6) _____ alleine gemacht.

● Schau, so geht das. Jetzt haben wir alles für morgen vorbereitet.

○ Fehlt (7) _____ mehr?

● Nein, alles da.

○ Danke, Stefano.

1   Achtung Infektion

1   Kollegen informieren

  38   **a**   Selma übergibt an Agata und Birgit. Was ist richtig?
Hören Sie und kreuzen Sie an.

1. Herr Schlüter   (a) hat mehrmals schwallartig erbrochen.   (b) hatte hohes Fieber in der Nacht.

2. Der Notarzt hat den Verdacht auf   (a) fehlende Hygiene.   (b) das Norovirus geäußert.

3. Das Pflegepersonal muss   (a) zuerst den Laborbefund abwarten.

       (b) sofort alle nötigen Hygienemaßnahmen ergreifen.

4. Herr Schlüter muss wegen der Ansteckungsgefahr   (a) isoliert werden.   (b) die Hände desinfizieren.

b   Welche Maßnahmen passen zusammen? Verbinden Sie.

1. Maßnahmen schnell und konsequent   aufklären.
2. Betroffene Bewohner im eigenen Zimmer   ergreifen.
3. Zur Vermeidung einer Infektion Schutzkleidung   erklären.
4. Bewohner über die Maßnahmen   isolieren.
5. Besuchern die korrekte Händehygiene   tragen.

2   Wichtige Wörter: Schutz vor Ansteckung

  39   **a**   Hören Sie und markieren Sie den Wortakzent.

die Sch**u**tzkleidung

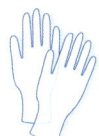

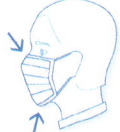

die **E**inweghandschuhe   der langärmelige Schutzkittel   der enganliegende Mundschutz

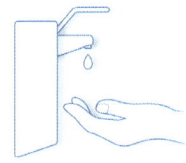

viruzide Desinfektionsmittel   die Händedesinfektion   die Wischdesinfektion
(patientennahe Flächen mit
häufigem Hand- / Hautkontakt:
z. B. der Nachttisch, das Bettgestell)

Quelle: BVMed - Bundesverband Medizintechnologie e.V., 2019

  39   **b**   Hören Sie noch einmal und sprechen Sie nach.

3 Patienten informieren

 a   Agata klärt Herrn Schlüter auf: Was sagt sie?
Hören und verbinden Sie die Sätze.

1. Ich muss die Schutzkleidung tragen,   **damit** sich niemand ansteckt.
2. Sie sind krank,   **während** ich bei Ihnen bin.
3. Wir müssen alle besonders auf Hygiene achten, **weil** Sie das Norovirus haben.
4. Sie müssen leider auf Ihrem Zimmer bleiben,   **solange** es Ihnen so schlecht geht.
5. Ihre kleine Enkelin sollte Sie nicht besuchen, **bis** Sie keine Symptome mehr haben.

b   Wie verbindet Agata ihre Sätze? Lesen und ergänzen Sie den Tipp.

TIPP

G

> Konnektoren können Hauptsätze (HS) mit Nebensätzen (NS) verbinden. Sie drücken einen
> Zusammenhang zwischen der Handlung im HS und der Handlung im NS aus.
> Im Nebensatz steht das Verb am Satzende.
>
> *Sie sind krank,_____ Sie ein Virus haben.* (**Grund**, kausal)
> *Ich trage einen Mundschutz, _____ ich keine Viren einatme.* (**Ziel,** final)
>
> **Temporale Konnektoren** drücken **zeitliche Zusammenhänge** aus, z. B. Gleich-, Vor- oder
> Nachzeitigkeit oder Dauer.
>
> *Sie müssen auf Ihrem Zimmer bleiben, _____ sie wieder gesund sind.*
> (Nachzeitigkeit, Endpunkt einer Handlung)
> *Ich trage Schutzkleidung, _____ ich Sie pflege.* (Gleichzeitigkeit, Dauer)
> *Bitte bleiben Sie auf Ihrem Zimmer, _____ Sie krank sind.* (Gleichzeitigkeit, gemeinsamer
> Endpunkt)

c   Gibt Agata einen Grund oder ein Ziel an? Ergänzen Sie *weil* oder *damit*.

1. Sie können ein Medikament nehmen, _____ Ihnen nicht mehr so übel ist.
2. Gehen Sie bitte nicht in die Gemeinschaftsräume, _____ Sie andere anstecken könnten.
3. Ich rufe Ihre Tochter an, _____ sie weiß, dass Sie krank sind.
4. Wir müssen jetzt häufiger desinfizieren, _____ die Viren sich nicht verbreiten.
5. Ich öffne für ein paar Minuten das Fenster, _____ Sie etwas frische Luft haben.
6. Soll ich Ihre Lieblings-CD eingelegen, _____ Sie sich etwas ablenken können?
7. Versuchen Sie bitte, etwas mehr zu trinken, _____ Sie durch den Durchfall viel Flüssigkeit verlieren.

→ Mehr zu damit/um ... zu: S. 48/49

d   Schreiben Sie die Sätze von Aufgabe 3a mit dem Nebensatz zuerst.

1. _____
2. _____
3. _____
4. _____
5. _____

TIPP

 G

> Steht der NS vor dem HS, steht das Verb im HS an erster Stelle:
> *Weil Sie ein Virus haben, **sind** Sie krank.*

4   Zeitliche Zusammenhänge angeben

a   Welcher Zusammenhang (a–e) passt zu Agatas Aussagen (1–5)? Ordnen Sie zu.
Markieren Sie dann die Konnektoren in Agatas Aussagen.

● Zeitpunkt   → Handlung Hauptsatz   → Handlung Nebensatz

1. Seit der Verdacht auf Norovirus besteht, müssen wir Sie leider isolieren.   ●→
                                                                                       →

2. Es kann ein paar Tage dauern, bis Sie Ihr Zimmer verlassen dürfen.   →●→

3. Sobald Ihre Tochter kommt, gebe ich ihr Schutzkleidung.   →●→

4. Nachdem Ihre Tochter Sie besucht hat, muss sie ihre Hände desinfizieren.   →→

5. Sie muss die Hände desinfizieren, bevor sie aus Ihrem Zimmer geht.   →→

○   a) Die Handlung im HS dauert an, bis die Handlung im NS beginnt.

○   b) Die Handlung im HS findet vor der Handlung im NS statt.

①   c) Die Handlung im NS und im HS beginnen gleichzeitig und beide dauern noch an.

○   d) Die Handlung im HS folgt auf die Handlung im NS.

○   e) Die Handlung im NS findet vor der Handlung im HS statt.

b   Ergänzen Sie den passenden Konnektor aus Aufgabe 4a in Agatas Gesprächen.

1.

● (1) _____ Herr Schlüter erkrankt ist, müssen wir öfter nach

ihm sehen. (2) _____ Herr Schlüter etwas isst, muss er wieder

erbrechen, der Arme! Es hat ihn richtig erwischt und es dauert bestimmt

noch länger, (3) _____ es ihm wieder besser geht. (4) _____ ich sein Zimmer verlassen

habe, habe ich noch das Bettgestell und den Nachttisch desinfiziert.

○ Hast du dir auch die Hände desinfiziert (5) _____ du bei ihm warst?

● Natürlich, Semi.

2.

● Sie müssen jetzt viel trinken, Herr Schlüter, (1) _____ Sie

so viel Flüssigkeit verloren haben. Ihre Tochter hat angerufen,

(2) gerade _____ ich wieder zu Ihnen gekommen bin. Sie weiß

jetzt Bescheid. Aber es wird

noch ein bisschen Zeit vergehen, (3) _____ sie herkommen kann. Sie muss ja noch arbeiten.

Aber (4) _____ sie kann, kommt sie zu Ihnen, hat sie gesagt.

○ Danke, Agata. Könnten Sie bitte noch das Fenster öffnen, (5) _____ Sie gehen?

● Ja, das mache ich, Herr Schlüter.

2   Besucher informieren

1   Wichtige Wörter: Händedesinfektion

  a   Hören Sie die Wörter und markieren Sie den Wortakzent.

der F**i**ngernagel

der Nagelfalz

die Fingerkuppe

die Fingeraußenseite

das Desinfektionsmittel

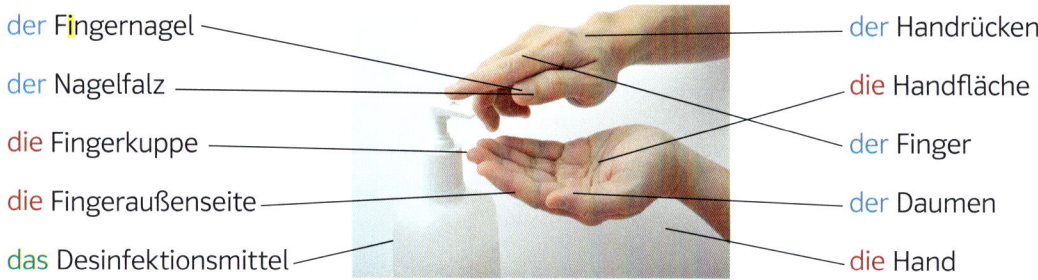

der Handrücken

die Handfläche

der Finger

der Daumen

die Hand

 b   Hören Sie die Wörter noch einmal und sprechen Sie nach.

2   Ein Warnschild schreiben: Ergänzen Sie das Schild an Herrn Schlüters Tür.

Besucher • Infektions • Personal • Zimmers

_____gefahr!

_____ melden sich bitte vor Betreten

des _____ beim _____!

TIPP   Auf Schildern müssen Anweisungen oft kurz sein und können im Infinitiv stehen.
Mündliche Anweisungen formulieren Sie anders, z. B. mit dem Imperativ.

3   Die hygienische Händedesinfektion erklären

a   Agata zeigt Herrn Schlüters Tochter ein Infoblatt. Lesen Sie die Anweisungen und unterstreichen Sie
die Verben.

Eine ausreichende Menge Desinfektionsmittel auf die Hände <u>geben</u>.
Die 6 Schritte der hygienischen Händedesinfektion durchführen.

1. Handfläche auf Handfläche reiben.
2. Mit der rechten Handfläche über den linken Handrücken und mit der
    linken Handfläche über den rechten Handrücken streichen.
3. Handfläche auf Handfläche legen, die Finger verschränken und
    spreizen, dann reiben.
4. Die Finger knicken, mit der Außenseite auf der gegenüberliegenden
    Hand verschränken, dann auf der gegenüberliegenden Handfläche
    mit verschränkten Fingern reiben.
5. Alle Finger der Hand zusammennehmen und mit geschlossenen
    Fingerkuppen in der jeweils anderen Handfläche drehen.
6. Mit der jeweils anderen Hand den Daumen umfassen und beide
    Daumen nacheinander einreiben.

Alle Schritte ca. 5 Sekunden lang ausführen.
30 Sekunden Einwirkzeit einhalten.
Bitte beachten: Hände müssen die ganze Zeit über feucht sein!

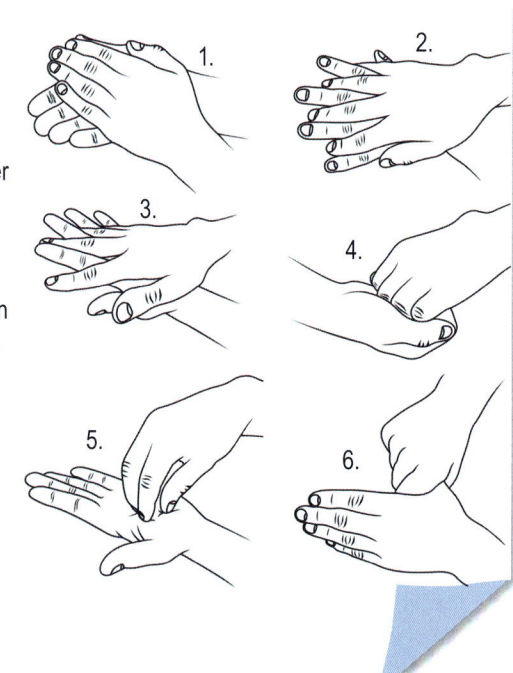

b   Lesen Sie den Tipp. Ergänzen Sie dann Agatas Anweisungen
mit dem passenden Verb von Aufgabe 3a im Imperativ.

TIPP
G

Den **Imperativ** für die Höflichkeitsform „Sie" bilden Sie so:
Sie desinfizieren Ihre Hände.

Desinfizieren Sie Ihre Hände.
Achten Sie auf trennbare Verben, die Vorsilbe steht am
Satzende: einreiben → Reiben Sie Ihre Hände ein.

Geben Sie eine ausreichende Menge Desinfektionsmittel auf die trockenen,
sauberen Hände. _____ dann bitte diese sechs Schritte _____ :

1. _____ Handfläche auf Handfläche, circa 5 Sekunden.

2. _____ dann mit der rechten Handfläche über den linken Handrücken
und mit der linken Handfläche über den rechten Handrücken.

3. _____ Handfläche auf Handfläche, _____ und
_____ die Finger und dann _____.

4. _____ die Finger und _____ die Außenseite der
Finger mit der gegenüberliegenden Hand. _____ dann mit
verschränkten Fingern auf der gegenüberliegenden Handfläche.

5. _____ alle Finger der Hand _____ und _____
die geschlossenen Fingerkuppen in der jeweils anderen Hand.

6. _____ mit der jeweils anderen Hand den Daumen und
_____ beide Daumen nacheinander _____.

_____ alle Schritte ca. 5 Sekunden lang _____. _____ die
30 Sekunden Einwirkzeit _____. Und _____ bitte: Die Hände müssen die ganze Zeit über
feucht sein!

c   Ordnen Sie die passende Anredeform zu. Schreiben Sie dann die Anweisungen von Aufgabe 3b für
„du" und „ihr". Passen Sie die Imperativ-Formen an.

$\Big[$ du • ihr $\Big]$

eine junge Kollegin / ein junger Kollege → _____

zwei junge Kollegen → _____

TIPP
G

Den Imperativ für „du" und „ihr" bilden Sie so:
~~Du~~ desinfizierst deine Hände. → Desinfizier deine Hände.
~~Ihr~~ desinfiziert eure Hände. → Desinfiziert eure Hände!

3   Fragen zur Händehygiene klären

1   Kollegen fragen

 a   Hören Sie das Gespräch: Was ist richtig? Verbinden Sie.

Semi   hat an einer Hygiene-Schulung teilgenommen.
Agata   ist die Hygienefachkraft im Altenheim am Park.
            hat viele Fragen zum Thema Händehygiene.

 b   Wie stellt Semi seine Fragen? Hören Sie noch einmal und kreuzen Sie an.

- ◯ Wann muss ich meine Hände desinfizieren?
- ◯ Kannst du mir erklären, wann ich meine Hände desinfizieren muss?
- ◯ Muss ich meine Hände vorher waschen?
- ◯ Weißt du, ob ich meine Hände vorher waschen muss?

c   Lesen Sie den Tipp. Ordnen Sie dann die Fragen aus Aufgabe 1b zu.

TIPP
G

> *Direkte* Fragen beginnen mit einem Fragewort oder mit einem Verb.
> Vor *indirekten Fragen* steht ein Einleitungssatz. Danach beginnen *indirekte W-Fragen* mit einem
> Fragewort und *indirekte Ja/Nein-Fragen* mit „ob". Der Einleitungssatz macht die Fragen höflicher.

direkte W-Frage: _____

Indirekte W-Frage: _____

direkte Ja/Nein-Frage: _____

Indirekte Ja/Nein-Frage: _____

2   Fragen höflich stellen

a   Ergänzen Sie die direkten Fragen von Semi.

> Desinfiziere • Muss • Soll • Was • Warum • Wie

1. _____ darf man bei der Versorgung keine Ringe tragen?

2. _____ bedeutet „unmittelbare Patientenumgebung"?

3. _____ ich meine Hände zweimal desinfizieren, wenn sie mit Sekret beschmutzt sind?

4. _____ ich meine Hände erst waschen, wenn sie sehr verschmutzt sind?

5. _____ ich nach dem Ausziehen der Handschuhe meine Hände?

6. _____ kann ich meine Hände pflegen?

b   Ergänzen Sie die Einleitungen für indirekte Fragen.

[erklären • Hast • Kannst • Weißt]

Ansprache mit „du"	
• _____ du mir sagen, …	• _____ du, …
• Könntest du mir _____, …	• _____ du einen Tipp, …

c   Schreiben Sie indirekte Fragen mit den Fragen von 2a.

TIPP

Indirekte Fragen sind Nebensätze. Das konjugierte Verb steht am Satzende.
Ist der einleitende Satz eine Frage, steht ganz am Ende ein Fragezeichen.

1. _Kannst du mir sagen, warum man bei der Versorgung keine Ringe tragen darf?_ _____

2. _Könntes_ _____

3. _Weißt_ _____

4. _Kannst_ _____

5. _Könntest_ _____

6. _Hast_ _____

d   Vergleichen und ergänzen Sie die einleitende Sätze für die Ansprache mit „Sie" und „ihr".

Ansprache mit „Sie"	Ansprache mit „ihr"
• _____ / Könnten Sie mir erklären / sagen, …	• Könnt / Könntet ihr mir _____ / sagen, …
• Wissen _____, …	• _____ ihr, …
• _____ Sie einen Tipp, …	• Habt _____ einen Tipp, …

3   Höflich sprechen

 a   Hören Sie die Fragen: Geht die Stimme am Ende hoch ↑ oder runter ↓? Notieren Sie.

	Variante 1	Variante 2
1. Kannst du mir erklären, warum Händehygiene so wichtig ist?	↓	
2. Weißt du, wann die nächste Schulung ist?		
3. Hast du einen Tipp, wie ich meine Hände pflegen kann?		
4. Wisst ihr, ob ich meine Hände zuerst waschen muss?		
5. Könntest du mir sagen, was „unmittelbare Patientenumgebung" bedeutet?		

 b   Was klingt höflicher? Kreuzen Sie an.

Variante ① ② klingt höflicher, die Stimme geht am Ende ◯ runter ◯ hoch.

 c   Hören Sie die höfliche Variante noch einmal und sprechen Sie nach.

4   Mundhygiene

1   Wichtige Wörter: Mundhygiene

45 **a**   Hören Sie die Wörter und markieren Sie den Wortakzent.

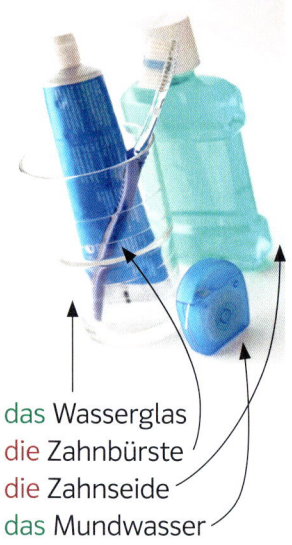

das Wasserglas
die Zahnbürste
die Zahnseide
das Mundwasser

die Nierenschale

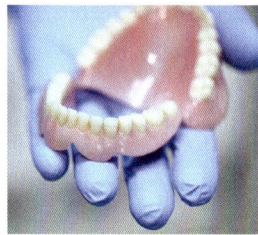

die Zahnprothese /
das Gebiss

der Lippenpflegestift

das Handtuch

   b   Hören Sie die Wörter noch einmal und sprechen Sie nach.

2   Ein Gespräch bei der Mundhygiene führen

 46 **a**   Welche Wörter von Aufgabe 1 hören Sie?
Unterstreichen Sie in Aufgabe 1a.

b   Ergänzen Sie den Dialog. Passen Sie die Verbform an.

> ansehen • ausspülen • bleiben • klappern • kleben • legen • machen • öffnen • rausfallen •
> rausnehmen • reinigen • säubern • schauen • spucken • stimmen • verursachen • wehtun

● Ich möchte bei Ihnen die Zahnprothese (1) _____ und auch die Zunge und den ganzen Mund

(2) _____.

○ Irgendwas (3) _____ mit meinem Gebiss auch nicht. Irgendwie (4) _____ das beim

Essen. Und es (5) _____ auch ein wenig _____ im Mund.

● (6) _____ wir gleich mal. Ich (7)_____ Ihnen ein Handtuch über, damit alles sauber

(8) _____. Hier ein Glas Wasser, damit müssen Sie bitte kräftig Ihren Mund (9) _____.

So, und jetzt (10) _____ Sie bitte das Wasser hier in die Nierenschale. Sehr gut.

Jetzt bitte mal ganz weit den Mund (11) _____, damit ich die Prothese (12) _____ kann.

Oh! Die (13) _____ ja wirklich fast von selbst _____.

Ihren Mundraum (14) _____ ich mir gleich nochmal genauer _____, ja?

Jetzt (15) _____ ich erstmal die Prothese sauber, vielleicht (16) _____ ja Essensreste

unter dem Gebiss. Das (17) _____ dann manchmal Schmerzen.

c   Wie geht das Gespräch weiter? Hören und verbinden Sie.

47

1. Iva entdeckt
2. Iva möchte
3. Iva setzt
4. Iva cremt
5. Iva dokumentiert

a) Frau Helms' Lippen mit einer Salbe ein.
b) zwei kleine Wunden im Mund von Frau Helms.
c) die Pflegemaßnahmen in der Bewohnerakte.
d) das lieber mit der Zahnärztin abklären.
e) die Zahnprothese nicht wieder ein.

3   Pflegemaßnahmen dokumentieren

a   Wie schreibt Iva? Lesen und kreuzen Sie an.

Datum	Uhrzeit		HZ
12.05	10:20	Mundhygiene **durchgeführt**, Gebiss **entnommen** und **gereinigt**, Mund gespült. Fr. H. hat Schmerzen im Mundraum **geäußert** sowie „Gebiss klappert", Mundraum **kontrolliert** und zwei kleine Wunden (links unten, rechts oben) und Druckstellen **entdeckt**, Prothese deshalb nicht wieder **eingesetzt**, Lippen mit Salbe **eingecremt**. Patientin **angewiesen**, heute nur Brei und Soße zu essen.	ib

Iva schreibt   ○ lange, ausführliche Sätze mit vielen Details.   ○ kurze Sätze mit Verben im Partizip II.

b   Dokumentieren mit Partizip II: Ergänzen Sie die Formen.

spülen → ge_____t	durchführen → _____ge_____t	entdecken → _____t
äußern → _____	eincremen → _____	vereinbaren → vereinbar**t**
reinigen → _____	einsetzen → _____	inspizieren → inspizier**t**
	anbieten → an**gebot**en	kontrollieren → _____
	anweisen → _____	entnehmen → _____nomm_____

c   Den Pflegebericht ergänzen: Schreiben Sie kurze Einträge mit dem Partizip II.

Zahnarzttermin vereinbaren • Mundraum inspizieren • Soor- und Parotitisprophylaxe durchführen •
Tee und Kaugummi anbieten

		_____
		_____
		_____
		_____

d   Was passt nicht zur Soor- und Parotitisprophylaxe? Streichen Sie durch.

- die gesunde Mundflora erhalten
- das Kauen anregen (z. B. durch Kaugummi oder Bonbons)
- sofort künstlichen Speichel geben
- regelmäßige Mundhygiene (mindestens 2x täglich)
- wenig Flüssigkeit anbieten
- die Speichelproduktion durch Kräuter- / Früchtetee anregen

→ Mehr zu Prophylaxen: S. 63 + 65

4   Beim Arzt anrufen

48 a   Iva ruft bei der Zahnärztin an: Was ist richtig? Hören Sie das Telefonat und kreuzen Sie an.

1. Frau Helms   (a) kann   (b) kann nicht   in die Zahnarztpraxis kommen.

2. Dr. Grün macht   (a) einen   (b) keinen   Hausbesuch ins Altenheim am Park.

3. Der Termin ist am 14.5.   (a) um 13:30 Uhr.   (b) gegen 13:30 Uhr.

b   In welcher Reihenfolge sagt Iva das? Lesen und nummerieren Sie.

(1) Guten Tag. Mein Name ist Iva Belić. Ich bin Pflegefachkraft im Altenheim am Park.

◯ Auf Wiederhören.

◯ Bei der Mundpflege habe ich zwei wunde Stellen entdeckt. Die Prothese passt wohl nicht mehr richtig. Die Bewohnerin hat auch Schmerzen, deshalb haben wir die Prothese nicht wieder eingesetzt.

◯ Das geht leider nicht. Die Bewohnerin ist stark bewegungseingeschränkt und liegt meistens im Bett. Sie kann nicht in die Praxis kommen.

◯ Ich rufe an, weil Frau Helms, eine unserer Bewohnerinnen, Beschwerden hat. Ich wollte mit Frau Dr. Grün abklären, was wir machen sollen.

◯ Alles klar. Und vielen Dank, dass es doch so schnell mit einem Termin klappt. Das war freundlich von Ihnen.

◯ Das verstehe ich. Aber könnten Sie nicht bitte eine Ausnahme machen? Würden Sie bitte bei Frau Dr. Grün nachfragen?

◯ Könnte Frau Dr. Grün einen Hausbesuch machen?

c   Wie sagt Iva das? Ordnen Sie die Sätze von Aufgabe 4b zu.

1. sich vorstellen: _____

2. den Grund des Anrufs nennen: _____

_____

3. mehr Informationen geben: _____

_____

_____

4. einen Vorschlag ablehnen: _____

_____

5. einen Gegenvorschlag machen: _____

6. höflich hartnäckig bleiben: _____

_____

7. sich bedanken: _____

8. sich verabschieden: _____

  49 c   Hören Sie das Telefonat noch einmal. Sprechen Sie in den Pausen, was Iva sagt.

1   Die Übergabe verstehen

1   Informationen über die Körperpflege

50 **a**   Hören Sie die Übergabe:
Was ist richtig? Kreuzen Sie an.

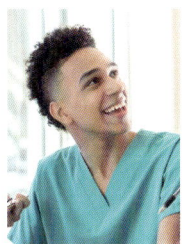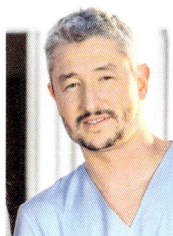

1.   Wer übergibt an wen?

ⓐ der Nachtdienst an den Frühdienst.

ⓑ der Frühdienst an den Spätdienst.

2.   Den Dienst übernehmen …

ⓐ Anton, Agata und Marina.

ⓑ Agata, Marina und Semi.

3.   Der Nachtdienst hat …

ⓐ einige Bewohner schon gewaschen.

ⓑ alle Männer schon gewaschen.

50 **b**   Was haben Sie über die Bewohner gehört? Verbinden Sie. Hören Sie noch einmal, wenn nötig.

1.   Herr Brunetti …

2.   Herr Firat / Herr Paulsen …

3.   Frau Heidegger …

4.   Frau Konopka …

5.   Herr Schmerfeld / Herr Yilmaz …

6.   Herr Schmerfeld …

wurden vom Nachtdienst geduscht.

werden lieber von Männern versorgt.

muss heute Morgen geduscht werden.

braucht nur wenig Unterstützung.

bekam in der Nacht eine Intimwäsche.

braucht noch eine Teilwäsche.

wurde auf die rechte Seite gedreht.

hat stark geschwitzt.

brauchen eine Ganzkörperwäsche.

kann sich selber rasieren und kämmen.

c   Was bedeuten die Begriffe? Ordnen Sie zu.

die Intimsphäre • Prophylaxen • Ressourcen • Wünsche

_____: das möchten die Bewohner gern oder lieber

_____: das ist dem Bewohner unangenehm oder peinlich

_____: das kann ein Bewohner noch alleine / selbständig machen

_____: vorbeugende Maßnahmen, die die Gesundheit erhalten und eine Beeinträchtigung der
Gesundheit verhindern

d   Darauf achten die Pflegekräfte bei den Bewohnern: Ordnen Sie die Begriffe von Aufgabe 1c den
Aussagen aus der Übergabe zu.

Die Pflegekräfte achten auf …

1.   „Die beiden werden lieber von Männern versorgt."   _____

2.   „Ich hatte Frau Konopka versprochen, sie zu duschen."   _____

3.   „Herr Schmerfeld kann sich selber rasieren und die Haare kämmen."   _____

4.   „Er sollte sich möglichst viel bewegen."   _____

2 Wichtige Wörter: Körperteile

 51 **a** Hören Sie die Wörter und markieren Sie den Wortakzent. Hören Sie die Wörter noch einmal und sprechen Sie nach.

der Hinterkopf	der Ellenbogen	die Ellenbeuge	die Brust
der obere Rücken	die Schulterblätter	die Wirbelsäule	die Wirbelvorsprünge
der untere Rücken	die Hüfte	das Gesäß	der Intimbereich
der Oberbauch	der Unterbauch	der Bauchnabel	
der Oberschenkel	das Knie	die Kniekehle	die Unterschenkel
der Fuß	die Zehen	die Ferse	die Fußknöchel die Fußsohle

b Schreiben Sie die passenden Wörter von Aufgabe 2a an die Körperstellen.

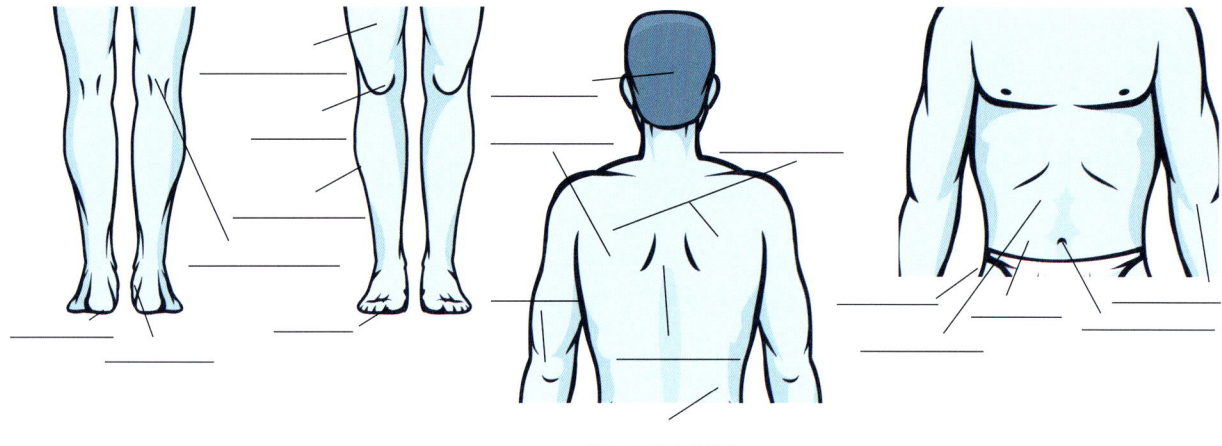

c Welche der Wörter von Aufgabe 2a sind Plural? Schreiben Sie die Wörter und ergänzen Sie den Singular.

die Schulterblätter – das Schulterblatt _____

_____

_____

_____

_____

d Was wäscht man bei welcher Wäsche? Verbinden Sie.

1. die Ganzkörperwäsche   a) man wäscht nur einzelne Körperteile
2. die Teilwäsche   b) man wäscht die Genitalien / den Analbereich
3. die Intimwäsche   c) man wäscht den ganzen Körper

3 Intimbereiche

a Welche Körperteile gehören dazu? Ergänzen Sie.

das Gesäß • der Penis • die Vagina

1. der Intimbereich beim Mann: _____, die Vorhaut, die Hoden
2. der Intimbereich bei der Frau: _____, die Schamlippen
3. der Analbereich: _____, die Gesäßhälften, der Anus

b   Alltagssprache verstehen: Was meinen die Bewohner? Ordnen Sie zu.

1. „Den Rücken und da unten müssten Sie übernehmen."   a) Hautirritationen im Intimbereich / Analbereich
2. „Untenrum juckt und brennt es."   b) Waschen des Oberkörpers ist möglich
3. „Obenrum kann ich mich selbst waschen."   c) säubern / abwischen nach Stuhlgang
4. „So hintenrum, da komm ich nicht dran."   d) Waschen des hinteren Oberkörpers und des
   Intimbereichs ist nicht möglich

4   Prophylaxen: Ein Quiz

a   Was ist richtig? Kreuzen Sie an. Manchmal sind beide Antworten richtig.

1. Prophylaxe bedeutet …   (a) Vorbeugung.
   (b) Behandlung.

2. Prophylaxen sind Maßnahmen zur   (a) Vorbeugung gegen Krankheiten.
   (b) Erhaltung der bestehenden Gesundheit.

3. Prophylaxen sind …   (a) bei allen Bewohnern in der Pflege wichtig.
   (b) nur bei erkrankten Patienten wichtig.

b   Welche Prophylaxe ist erforderlich? Ordnen Sie zu.

(A) Intertrigoprophylaxe   (B) Dekubitusprophylaxe   (C) Kontrakturenprophylaxe

1. Herr Brunetti schwitzt immer stark. Wir müssen auf seine Hautfalten achten. _____
2. Herr Schmerfeld soll motiviert werden, sich mehr zu bewegen und sich selber zu rasieren. _____
3. Frau Wolf liegt fast nur noch im Bett. Wir müssen darauf achten, dass sie sich nicht wundliegt. _____

c   Dekubitusprophylaxe: Auf welche Körperstellen müssen Sie achten? Notieren Sie.

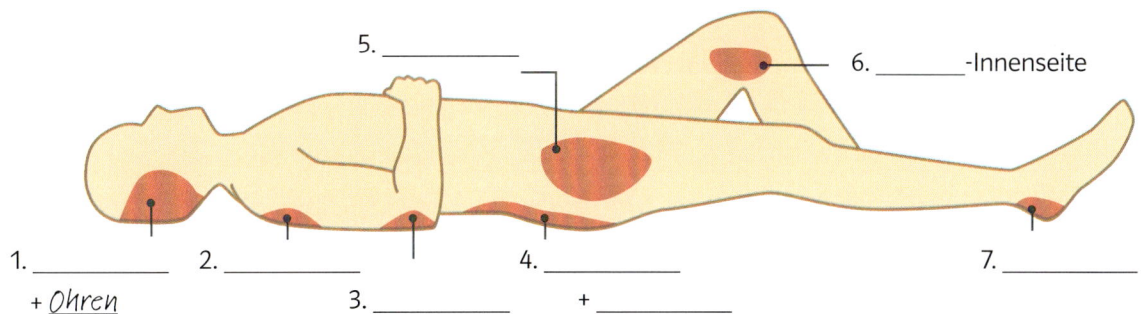

5. _____   6. _____-Innenseite

1. _____   2. _____   4. _____   7. _____
+ *Ohren*   3. _____   + _____

d   Intertrigoprophylaxe: Wo können Feuchtigkeitswunden entstehen? Ergänzen Sie.

[falte • Brüste • Bauch • Haut • Ober • Zehen]

… wo Haut auf _____ liegt, z. B. unterhalb der weiblichen _____, in der

_____falte, in den Leisten, in der Dammregion und der Anal_____, an den Innenseiten der

_____schenkel, zwischen den Fingern und den _____ am Fuß.

2 Die Morgenpflege organisieren

1 Aufgaben bei der Morgenpflege

a Was steht für die Pflegekräfte an? Verbinden Sie die Nomen mit dem passenden Verb.

1. das Material
2. die Bewohner
3. das Zimmer
4. die Vitalzeichen
5. die Morgenpflege

a) messen
b) aufräumen
c) richten
d) organisieren
e) übernehmen, neu lagern / positionieren, waschen, zum Frühstück begleiten

b Wie formuliert Agata die Aufgaben der Pflegekräfte? Unterstreichen Sie alle Verben.

1. Das Material <u>muss gerichtet werden</u>.
2. Herr Brunetti muss neu positioniert werden.
3. Seine Vitalzeichen müssen gemessen werden.
4. Und sein Zimmer kann auch mal wieder aufgeräumt werden.
5. Herr Paulsen will zuerst von dir versorgt werden.
6. Dann kann er zum Frühstück begleitet werden.

c Lesen Sie den Tipp. Unterstreichen Sie dann alle Verben in den Beispielsätzen.

TIPP

Beim **Passiv** steht die Handlung oder ein Vorgang im Vordergrund. Die handelnde Person ist weniger relevant und wird meist nicht erwähnt.

Frau Konopka wird geduscht. Die Bewohner werden versorgt.

Das Passiv wird aus einer Form von **werden** + **Partizip II** des Vollverbs gebildet.
Das Passiv gibt es in verschiedenen Zeitformen.   → Passiv im Präteritum S. 74

Passivformen können auch mit Modalverben kombiniert werden, wenn die modale Bedeutung
wichtig ist: *Frau Konopka muss geduscht werden.* (Notwendigkeit, dringend)
              Herr Deppe sollte am Waschbecken gewaschen werden. (Vorschlag, Empfehlung)
              Das Zimmer kann auch später aufgeräumt werden. (Möglichkeit)

Das Passiv mit Modalverb bilden Sie so: konjugierte Form des **Modalverbs** + **Partizip II** des Vollverbs
+ **werden** im Infinitiv.

d Was wird hier gemacht? Ordnen Sie zu.

> begleitet • angereicht • positioniert / anders gelagert

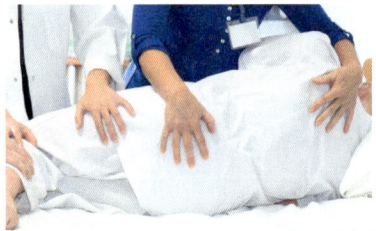

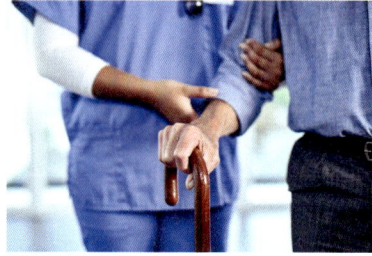

1. Herr Brunetti wird _____   2. Essen wird _____   3. Der Bewohner wird _____
_____

e   Was wird bei der Körperpflege mit diesen Materialien gemacht? Ordnen Sie die Verben zu.

[abtrocknen • eincremen • einseifen • kämmen • waschen]

1. Waschlappen,   2. Waschlotion   3. Handtuch   4. Kamm   5. Hautcreme
   -schüssel

_____   _____   _____   _____

_____

f   Ergänzen Sie die Verben von Aufgabe 1e im Passiv.

1. Mit der Waschschüssel und dem Waschlappen _*wird*_ der Körper _*gewaschen*_.

2. Mit der Seife oder der Waschlotion _____ der Körper _____.

3. Mit dem Handtuch _____ der Körper _____.

4. Mit der Bürste oder dem Kamm _____ die Haare _____.

5. Mit der Hautcreme _____ die Haut _____.

g   Formulieren Sie die Aufgaben der Pflegekräfte im Passiv mit Modalverb.

1. Wir sollten alle Materialien vor der Morgenrunde vorbereiten.

   Alle Materialien sollten vor der Morgenrunde vorbereitet werden.

2. Die Handschuhe müsst ihr vor dem Waschen anziehen. Nicht vergessen!

   _____

3. Frau Konopka soll man die Frisur im Handspiegel zeigen.

   _____. Ihr ist das sehr wichtig.

4. Herr Nickel will nicht duschen. Egal, ob Anton, ich oder Marina ihn unterstützen.

   _____

5. Herrn Brunetti muss man mit der Waschschüssel im Bett waschen.

   _____

6. Bei ihm muss man unbedingt auf die Intertrigoprophylaxe achten.

   _____

7. Frau Heidegger darf man nicht mit Seife waschen, besser mit Waschlotion.

   _____

8. Herrn Yilmaz sollte man an die Hüftprotektoren erinnern. Er zieht sie nicht gern an.

   _____

2 Aufgaben aufteilen

52 a   Was sagt Agata?
Hören Sie und kreuzen Sie an.

○ Semi, hilf Herrn Firat und Herrn Paulsen bitte bei der Körperpflege.

○ Semi, hilfst du bitte Herrn Firat und Herrn Paulsen bei der Körperpflege?

○ Semi, würdest du Herrn Firat und Herrn Paulsen bei der Körperpflege helfen?

○ Marina, übernimm bitte Herrn Yilmaz und Frau Konopka.

○ Marina, könntest du Herrn Yilmaz und Frau Konopka übernehmen?

○ Marina, übernimmst du Frau Konopka und Herrn Yilmaz?

○ Könnte einer von euch zu Herrn Brunetti mitkommen?

○ Kommt einer von euch bitte zu Herrn Brunetti mit?

○ Einer von euch kommt bitte zu Herrn Brunetti mit, ja?

○ Würdet ihr die Materialien für eure Bewohner vorher richten?

○ Richtet ihr bitte vorher die Materialien für eure Bewohner?

b   Lesen und ergänzen Sie den Tipp.

TIPP
G

Anweisungen können unterschiedlich formuliert werden, z. B. als **höfliche Frage / Bitte** mit den
Verben *können* und *werden* **im Konjunktiv II** + **Infintiv des Vollverbs**: *könnt-* bzw. *würd-*

Könnt_____ du mir helfen? Würd_____ du mir helfen?
Könnt_____ ihr euch bitte etwas beeilen? Würd_____ ihr euch bitte etwas beeilen?
Würd_____ Sie kurz warten, Frau Konopka? Könnt_____ Sie kurz warten, bitte?

c   Ergänzen Sie die höflichen Bitten mit könnt- oder würd- und der passenden Endung.

1. _____ du Herrn Paulen zuerst versorgen? Er möchte immer früh im Gemeinschaftsraum

   sein und frühstücken.

2. Herr Yilmaz schläft gern länger. _____ ihr am Ende der Runde zu ihm gehen? Und _____

   ihr ihn am Waschbecken waschen? Das mag er lieber als duschen.

3. Herr Paulsen, _____ Sie bitte in ihr Zimmer gehen. Wir kommen gleich zu Ihnen.

d   Formulieren Sie höflich. Denken Sie an die passende Ansprache und Verbform.

1. Versorge bitte Herrn Firat. *Könntest du bitte Herrn Firat versorgen?*

2. Macht das zuerst. _____

3. Unterstütze bitte Herrn Paulsen bei der Morgenpflege.

   _____

4. Sagen Sie Bescheid, wenn Sie fertig sind.

   _____

5. Versuchen Sie, das selbst zu machen. Ich weiß, dass Sie das können.

   _____

3   Die Körperpflege durchführen

1   Ein Gespräch vor dem Duschen führen

 a   Lesen Sie die Aussagen. Hören Sie dann das Gespräch:
Was ist richtig? Streichen Sie das falsche Wort durch.

1. Marina erkundigt sich nach Frau Konopkas *Gesundheit / Nacht.*

2. Frau Konopka berichtet über eine *kurze / erholsame* Nacht.

3. Marina rät Frau Konopka zu einem *Spaziergang / Mittagsschlaf.*

4. Marina entschuldigt sich für die späte *Dusche / Unpünktlichkeit.*

5. Frau Konopka zeigt *kein / viel* Verständnis für die späte Dusche.

6. Marina fragt nach Frau Konopkas *Essenswunsch / Kleidungswunsch.*

7. Frau Konopka bittet Agata um eine neue *Einlage / frische* Bettwäsche.

8. Marina hilft Frau Konopka beim *Aufstehen / Hinlegen.*

9. Marina unterstützt Frau Konopka *beim Gang zur Badezimmertür / im Badezimmer.*

10. Marina beginnt mit der *Körperpflege / Mundpflege.*

b   Lesen Sie den Tipp. Markieren Sie dann die Verben mit festen Präpositionen in Aufgabe 1a.

> **TIPP**
>
> **G**
>
> Eine Reihe von **Verben** verbindet sich mit **festen Präpositionen**. Die Präposition bestimmt, welcher
> Kasus folgt, z. B.:
> *sich erkundigen* + *nach* + Dativ > *Sie erkundigt sich nach der Nacht.*
> *berichten* + *über* + Akkusativ > *Frau Konopka berichtet über eine kurze Nacht.*

c   Ergänzen Sie die Tabelle.

+ Dativ	+ Akkusativ
sich erkundigen *nach*_____	jemandem berichten _____
jemandem raten _____	sich entschuldigen _____
jemanden fragen _____	Verständnis zeigen _____
jemandem helfen _____	jemanden bitten _____
jemanden unterstützen _____	
beginnen _____	

d   Welche feste Präposition haben diese Verben? Ordnen Sie zu.

[an • an • an • auf • auf • über • über • um]

achten _____ + Akk   aufpassen _____ + Akk   sich kümmern _____ + Akk

denken _____ + Akk   (sich) informieren _____ + Akk   leiden _____ + Dat.

sich beschweren _____ + Akk   (sich) erinnern _____ + Akk

e   Lesen Sie das Gespräch und ergänzen Sie
die passenden Präpositionen.

○ Marina, achten Sie bitte (1) _____ meine Hörgeräte.

Die sollen ja nicht nass werden.

● Gut, dass Sie sich (2) _____ die Hörgeräte erinnert haben!

Nehmen Sie sie besser heraus.

○ Anton hat sich gestern auch noch (3) _____ meinen Wunsch gekümmert.

● Ja? Was war das denn?

○ Eine Tasse heiße Milch mit Honig zum Einschlafen. Anton denkt immer (4) _____ alles.

● Anton ist ein ganz Lieber … Apropos wir müssen Ihren Sohn noch (5) _____ Ihren Arztbesuch in

zwei Tagen informieren. Und erinnern Sie ihn bitte auch (6) _____ das neue Shampoo. Das muss

er mitbringen.

○ Und auch neue Einlagen. Und meine andere kurzärmelige Bluse. Das habe ich ihm schon dreimal gesagt,

aber mein Sohn leidet wohl auch schon (7) _____ Vergesslichkeit. Hoffentlich beschwert er sich nicht

(8) _____ meine lange Einkaufsliste …

f   Was ist richtig? Streichen Sie das falsche Wort durch.

1. Ich will nachher noch mit *Ihnen / ~~Sie~~* über *die / den* Pflegemittel sprechen.

2. Bitten Sie Ihren Sohn auch um *einem neuen / ein neues* Shampoo.

3. Fragen Sie ihn bitte auch nach *der / den* Einlagen.

4. Ich kümmere mich nachher noch um *dem / den* Anruf bei der Krankenkasse.

5. Denken Sie an *Ihren / Ihre* Hörgeräte. Die müssen Sie vor dem Waschen herausnehmen.

2   **Informationstext über die Körperpflege: Lesen und ergänzen Sie die Präposition und die Kasusendungen.**

→ Übersicht Adjektivdeklination: S. 87

Die morgendliche Körperpflege beginnt (1) _____ de____ Desinfizieren der Hände.

Sprechen Sie bei der Pflege (2) _____ de____ Bewohnern. Fragen Sie

(3) _____ ihr____ Befinden und ihr____ Bedürfnissen.

Pflegen Sie aktivierend und achten Sie (4) _____ d____ Ressourcen der Bewohner: Was

können die Bewohner selbst machen? Wie stark müssen Sie die Bewohner (5) _____

d____ morgendlich____ Pflege unterstützen? Leiden sie (6) _____ Beschwerden?

Denken Sie auch (7) _____ d____ wichtig____ Prophylaxen. Informieren Sie die

Bewohner (8) _____ Ihr____ Vorgehen, sagen Sie, was Sie machen.

3 Ein Gespräch beim Duschen führen

a Was sagt Marina beim Duschen zu Frau Konopka? Ergänzen Sie.

> Achtung • Auskleiden • föhnen • Handgriffen • lauwarm • Möchten • sich • rankommen •
> Rücken • übernehme • Gut

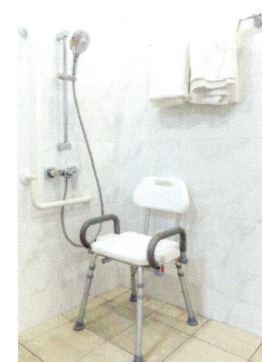

1. Ich helfe Ihnen jetzt beim _____.

2. Wie möchten Sie das Wasser? Schön warm, _____ oder eher kühl?

3. _____ so?

4. _____, ich spüle das Shampoo jetzt aus.

5. _____ Sie sich zuerst da einseifen, wo Sie selbst rankommen?

   Und ich _____ den Rest?

6. Soll ich den _____ auch kräftig abreiben?

7. Ich helfe Ihnen jetzt auf und Sie halten sich dann an den _____ fest.

8. Jetzt können Sie _____ wieder setzen.

9. Ich trockne dann da ab, wo Sie nicht _____, ja?

10. Möchten Sie die Haare _____?

 54 **b** Hören Sie zur Kontrolle.

c Ordnen Sie die Aussagen von Aufgabe 3a den Kategorien zu.

dem Bewohner/ der Bewohnerin Hilfe anbieten: _____	den Bewohner/ die Bewohnerin informieren: *1,*_____
den Bewohner/ die Bewohnerin zu etwas auffordern: _____	den Bewohner/ bei der Bewohnerin nach seinen/ ihren Wünschen fragen: _____

4 Über Pflegemittel sprechen

55 **a** Hören Sie das Gespräch nach dem Duschen: Was ist richtig? Kreuzen Sie an.

1. Wo sind die Pflegemittel von Frau Konopka?

   ⓐ im Badezimmerschrank   ⓑ auf der Ablage am Waschbecken   ⓒ im Waschbeutel

2. Welche Pflegemittel braucht Frau Konopka?

   ⓐ das Deo

   ⓑ das Parfüm

   ⓒ die Gesichtscreme

   ⓓ die Köperlotion

   ⓔ die Haftcreme

 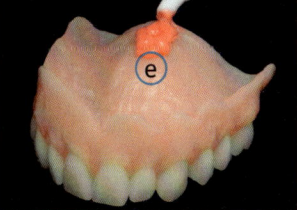

3. Was macht Frau Konopka selbstständig?

   ⓐ Sie reinigt ihre Zahnprothese.   ⓑ Sie cremt sich ein.

   ⓒ Sie lüftet das Zimmer.   ⓓ Sie geht zum Frühstück.

5   Die Wäsche im Bett durchführen

 a   Was ist richtig? Hören Sie und kreuzen Sie an.

1. Nach wem ruft Agata?   (a) nach Schüler Semi   (b) nach Schülerin Marina

2. Bei wem braucht Agata Hilfe?   (a) bei Herrn Brunetti   (b) bei Frau Heidegger

3. Wobei braucht Agata Hilfe?   (a) bei der Teilwäsche   (b) bei der Ganzkörperwäsche

b   Lesen Sie das Gespräch: Auf was beziehen sich die markierten Wörter?
Unterstreichen und verbinden Sie.

- Herr Brunetti braucht noch <u>eine Ganzkörperwäsche im Bett</u>.

◉ Kann ich mich heute **darum** <u>kümmern</u>?

- Was muss man denn bei der Wäsche im Bett beachten?

◉ Äh, **dabei** muss man beachten … Hm, **darüber** habe ich noch nicht nachgedacht.

- Ok, dann zeige ich dir das heute, wenn Herr Brunetti einverstanden ist.

TIPP

G

Pronominaladverbien wie **darum**, **dabei**, **darüber**, **daran** beziehen sich in der Regel auf Ergänzungen im vorangehenden Satz oder ganze Satzaussagen. Sie beziehen sich nie auf Personen. Pronominaladverbien setzen sich zusammen aus **da(r)** + **Präposition**; **da(r)** bezieht sich auf den Sachverhalt/eine Ergänzung im vorangehenden Satz oder Text, die Präposition auf das entsprechende Verb:

eine Ganzkörperwäsche im Bett … darum kümmern

---

c   Agata erklärt die Wäsche im Bett.
Ergänzen Sie Präpositionaladverbien.

> danach • damit • daran • darüber • darum • darüber

  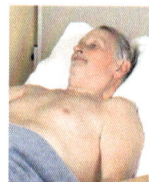

- Der Oberkörper wird zuerst gewaschen. Du beginnst also (1) _____.

  Wenn der Bewohner mithelfen kann, soll er sich aufsetzen. Bitte den Bewohner (2) _____.

  Herr Brunetti kann nicht mithelfen, sag ihm aber, was du machst.

◉ Herr Brunetti, wir drehen Sie jetzt und waschen Ihnen den Rücken. Geht das so?

○ Ja, das geht so, Semi.

- Herr Brunetti, schwitzen Sie jetzt immer noch so stark? Heute Nacht war das ja ziemlich stark. Anton hat

  uns heute Morgen (3) _____ informiert. Wie ist das jetzt?

○ Ach, (4) _____ kann ich nicht klagen. Aber untenrum, da juckt und brennt es.

- O.k., (5) _____ sehen wir gleich. Semi, bei Herrn Brunetti ist die Intertrigoprophylaxe

  besonders wichtig. Du musst beim Waschen besonders die Hautstellen ansehen …

◉ … wo Haut auf Haut liegt. (6) _____ habe ich gedacht. Hier, unter den Achseln, ist die Haut

  ganz rot …

6   Wichtige Wörter: Materialien zur Unterstützung bei Harninkontinenz

 57 **a**   Hören Sie die Wörter und markieren Sie den Wortakzent.

b   Hören Sie die Wörter noch einmal und sprechen Sie nach.

die Inkontinenzunterlage

die Inkontinenzeinlage (selbstklebend)

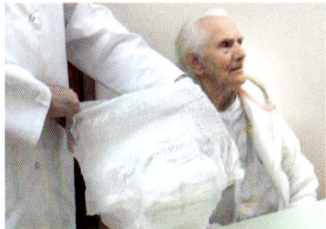

der Inkontinenzslip

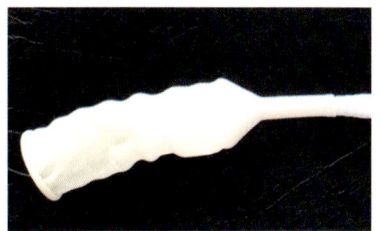

das Urinalkondom

7   Über Probleme sprechen

 58 **a**   Worum geht es in dem Gespräch? Hören Sie und kreuzen Sie an.

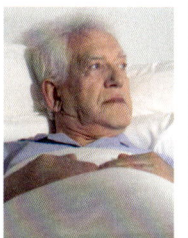

1. Herr Schmerfeld ärgert sich über

(a) Agata.

(b) das Urinalkondom.

2. Sein Bett ist nass, weil …

(a) er dreimal Wasser lassen musste.

(b) das Urinalkondom abgerutscht ist.

3. Agata

(a) versteht das Problem.

(b) hat keine Lösung
für das Problem.

b   Ordnen Sie zu: Was sagt Agatha um …

	Was ist denn passiert?
	Das verstehe ich, dass Sie darüber verärgert sind.
… die Ursachen für das Problem zu klären:	Ich glaube Ihnen, …
	Ich mache Ihnen einen Vorschlag: …
… Verständnis zu zeigen:	Ich werde versuchen, schnell eine Lösung zu finden.
	Seit wann …?
… Lösungsvorschläge zu machen:	Darf ich mal nachsehen, …?
	Am besten wäre es, wenn …
	Keine Sorge, wir finden schon eine Lösung.

4   Die Übergabe am Mittag vorbereiten

1   Pflegehandlungen notieren und darüber sprechen

a   Was wurde im Dienst gemacht? Ergänzen Sie die Verben in Semis Notizen.

> Herr Firat:
>
>   Mundhygiene _durchgeführt_
>
>   Zehen- und Fußnägel _____
>
>   Rasieren selbstständig _____
>
> Herr Brunetti
>
>   mehrmals neu _____

> ~~durchgeführt~~ • übernommen •
> positioniert • geschnitten

b   Wie formuliert Semi seine Notizen in der Übergabe aus? Unterstreichen Sie alle Verben.

Bei Herrn Firat <u>wurde</u> die Mundpflege <u>durchgeführt</u>. Außerdem wurden bei ihm die Zehen- und Fußnägel geschnitten. Die Rasur konnte heute selbstständig von ihm übernommen werden. Herr Brunetti musste während der Frühschicht mehrmals neu positioniert werden.

→ Passiv Präsens: S. 66

TIPP

G

Das **Passiv** kann auch im **Präteritum** stehen: *Alle Bewohner **wurden** heute Morgen **versorgt**.*
Das Passiv wird aus einer Form von **werden** im **Präteritum** + **Partizip II** des Vollverbs gebildet.
Passivformen können auch im Präteritum mit Modalverben kombiniert werden:
*Herr Brunetti **musste** mehrmals neu **positioniert werden**.*
Das **Passiv mit Modalverb** bilden Sie so: konjugierte Form des **Modalverbs im Präteritum** + **Partizip II** des Vollverbs + **werden** im Infinitiv.

c   Ergänzen Sie Semis Übergabe mit den Verben in Klammern im Passiv Präteritum.

Bei Herrn Brunetti (1) _____ außerdem eine Ganzkörperwäsche im Bett _____

(durchführen), da er sich selbst nicht mehr versorgen kann. Seine Vitalzeichen (2) _____

(kontrollieren). Zudem (3) _____ Hautschutzcreme am Gesäß _____ _____

(auftragen müssen). Frau Konopka (4) _____ beim Duschen _____ (unterstützt).

Dabei (5) _____ ihre Haare _____ (waschen). Die Mundhygiene und die Reinigung

der Zahnprothese (6) _____ von ihr _____ (übernehmen). Herr Schmerfeld hat

Probleme mit dem neuen Urinalkondom, der Hausarzt (7) _____ darüber schon _____

(informieren). Herr Schmerfeld (8) _____ _____ (abduschen), außerdem

(9) _____ die Bettwäsche und die Unterlage _____ (wechseln), da alles nass war.

Herr Paulsen (10) _____ heute nicht _____ _____ (rasieren wollen).

Er (11) _____ zum Frühstück _____ (begleiten).

Bei Herrn Yilmaz (12) _____ eine Ganzkörperwäsche am Waschbecken _____

(vornehmen). Da seine Creme fast aufgebraucht ist, (13) _____ eine Notiz an die Angehörigen

_____ (schreiben). Frau Heidegger _____ heute nach dem Frühstück von Ihrem Sohn

_____ (besuchen), aber er kam sehr spät. Darüber war sie sehr verärgert, der Sohn

_____ von ihr _____ und _____ (beschimpfen, schlagen).

1   Kurzzeitpflege im Heim

1   Ein Anliegen von Angehörigen verstehen

 a   Hören Sie das Gespräch. Wer spricht mit wem? Kreuzen Sie an.

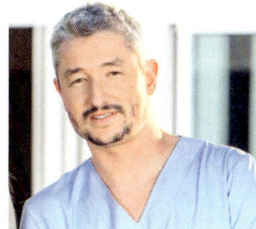

○ Herr Deppe
○ Ella Franz (Herrn Deppes Tochter)

○ Anton,
   Pflegefachkraft

○ Gerit Silvester,
   Gutachter vom MDK

 b   Hören Sie noch einmal: Was ist richtig? Kreuzen Sie an.

1.   Herr Deppe ist im Moment …

(a) in einem Heim zur Kurzzeitpflege.

(b) im Krankenhaus nach einer Knie-OP.

(c) schon wieder zu Hause.

3.   Anton …

(a) stimmt der Bitte zu.

(b) lehnt die Bitte ab.

(c) verweist an einen Berater der Pflegekasse.

2.   Frau Franz bittet Anton um …

(a) eine Verlängerung der Kurzzeitpflege.

(b) eine Beratung zur Pflege zu Hause.

(c) Unterstützung für ihren Vater zu Hause.

c   Eine Bitte um Pflegeberatung: Ergänzen Sie den Dialog.

> Beratung • ~~Betreuung~~ • Laufen • Pflege • Schwierigkeiten • selbstständig • Selbstversorgung •
> Unterstützung

● Sie betreuen meinen Vater gerade in der Kurzzeitpflege. Ich glaube aber, dass er nach dem Sturz und der Knie-OP auf jeden Fall auch (1) _Betreuung_ zu Hause braucht. Er kann ja im Moment nicht mehr so gut laufen und er wird bestimmt (2) _____ haben, sich selbst zu versorgen. Er ist nicht mehr so (3) _____ und mobil.

○ Ich sehe das wie Sie. Er wird auch zu Hause professionelle (4) _____ brauchen. Wir unterstützen Ihren Vater hier ja schon bei vielem, vor allem beim (5) _____ und beim Waschen, also der (6) _____. Eine professionelle (7) _____ zu Hause ist für die nächste Zeit ganz sicher notwendig.

● Könnten Sie uns vielleicht beraten, was wir jetzt machen müssen?

○ Ja sicher, so eine (8) _____ kann ich gern machen, wenn Sie das nächste Mal Ihren Vater besuchen.

2 Über Pflegebedürftigkeit sprechen

1 Eingeschränkte Selbstversorgung beschreiben

a Was können pflegebedürftige Menschen oft nicht alleine machen? Ordnen Sie die Verben zu.

> stellen • sich anziehen • duschen • einkaufen / tragen • kochen • steigen • messen • einnehmen

1. ____kochen____   2. _____   3. Treppen _____   4. _____ /
Einkäufe _____

5. Tabletten _____   6. _____   7. den Blutdruck _____   8. Anträge _____

b Wie beschreiben die Personen die aktuelle Lebenssituation?
Ergänzen Sie die Sätze zu den Fotos mit dem passenden Verb.

1. Ich finde es schön, zusammen zu _____. Das macht Spaß und ich bin nicht allein.

2. Ich hoffe, bald wieder alleine _____ zu können. Nach der Hüft-OP ist das alles noch etwas schwer für mich.

3. Ich habe Angst, alleine Treppen zu _____. Man fällt ja ganz leicht hin.

4. Ich schaffe es nicht mehr, alleine _____zu_____ und die Einkäufe zu _____. Das ist zu anstrengend für mich.

5. Ich habe vergessen, meine Tabletten _____zu_____. Wie viele von den gelben muss ich nehmen? Oder muss ich jetzt die weißen nehmen?

6. Ich habe Schwierigkeiten, mich _____zu_____. Besonders, die Strümpfe und Schuhe.

7. Muss das schon wieder sein? Ist es wirklich notwendig, mir so oft den Blutdruck zu _____? Ist doch alles in Ordnung …

8. Die Schrift ist so klein und ich verstehe das alles nicht. Es ist mir zu anstrengend, diesen Antrag zu _____.

c Unterstreichen Sie die „zu-Konstruktionen" in den Sätzen von Aufgabe 1b.

d   Lesen Sie den Tipp und ergänzen Sie passende Beispielsätze von Aufgabe 1b.

Auf manche Hauptsätze folgt eine Infinitivkonstruktion, z. B.:

HS   Infinitivkonstruktion

Es fällt mir schwer, alleine zu kochen.

Infinitivkonstruktionen **zu + Infinitiv** werden ohne Konjunktion an bestimmte einleitende Ausdrücke angeschlossen. Sie haben entweder die Funktion eines Subjekts oder eines Objekts. Darin sind sie mit **dass-Sätzen** vergleichbar und können diese in vielen Fällen ersetzen, z. B.:

*Es ist notwendig, die Tabletten regelmäßig **zu nehmen.***

Es ist notwendig, dass Sie die Tabletten regelmäßig nehmen.

In den Infinitivkonstruktionen steht kein eigenes Subjekt.

Infinitivkonstruktionen können angeschlossen werden an …

Verben wie: *hoffen, vergessen, versuchen, vorschlagen, …*

Ich hoffe, _____

Es + Adjektiv wie: *Es ist notwendig / schwer / anstrengend …*

Es schön / anstrengend / schwierig /… finden …

Ich finde es schön, _____

Es (nicht mehr) schaffen …

Ich schaffe es nicht mehr, alleine _____

Ausdrücke wie: *(keine) Angst haben, (kein) Problem haben, (keine) Schwierigkeiten haben …*

Ich habe Angst, _____

Bei trennbaren Verben steht das **zu** zwischen der Vorsilbe und dem Verbstamm:

_____

e   Wie beschreibt Frau Franz die Selbstständigkeit ihres Vaters?
Schreiben Sie Infinitivkonstruktion wie im Beispiel.

1.   sich selbstständig versorgen >

Mein Vater schafft es im Moment noch nicht, *sich selbstständig zu versorgen.*

2.   laufen, sich sicher zu Hause bewegen > Er hat noch Schwierigkeiten, _____

und _____

3.   einkaufen, alleine duschen >

Er schafft es auch nicht, _____

4.   alleine Treppen laufen > Es macht ihm Schwierigkeiten, _____

5.   Strümpfe und Schuhe alleine anziehen >

Es fällt ihm schwer, _____   _____

6.   sich orientieren, sich erinnern > Er hat keine Probleme, _____ und

_____. Er weiß immer, wo er ist und welcher Tag es ist.

7.   seine Medikamente nehmen, den Blutzucker messen > Er vergisst meistens nicht, _____

_____ und _____

8.   um Hilfe bitten > Es ist nicht leicht für ihn, _____

9.   alles alleine machen > Er versucht, _____

f Den Ausdruck variieren: Ersetzen Sie die Infinitivkonstruktion durch einen dass-Satz. Denken Sie an das Subjekt im dass-Satz!

1. Die meisten älteren Menschen hoffen, sich möglichst lange selbst versorgen zu können.

   Die meisten älteren Menschen hoffen, dass sie sich möglichst lange selbst versorgen können.

2. Für viele ältere Menschen ist es wichtig, so lange wie möglich in ihrem Zuhause zu bleiben.

   _____

3. Vielen Pflegebedürftigen macht es Probleme, Unterstützung durch Fremde annehmen zu müssen.

   _____

4. Ältere Menschen haben Angst, ihrer Familie zur Last zu fallen.

   _____

5. Für viele Betroffene ist es notwendig, ihr Zuhause pflegegerecht einzurichten.

   _____

2 Einen Pflegebedarf benennen

a Lesen Sie, was Anton zum Pflegebedarf von Herrn Deppe sagt. Sortieren Sie dann die markierten Wörter.

Wir ==unterstützen== Ihren Vater hier im Heim beim ==Laufen==, beim ==Waschen== ... Durch seine ==Einschränkungen== ist er ==pflegebedürftig==. Er kann sich in der ersten Zeit zu Hause nicht selbst ==versorgen== und den Alltag nicht ganz alleine ==bewältigen==. Im Rahmen der Kurzzeitpflege wurde schon eine ==Einstufung== seiner ==Pflegebedürftigkeit== durchgeführt. Um finanzielle ==Unterstützung== für professionelle ==Hilfe== zu Hause zu bekommen, muss der MDK den Pflegegrad aber noch einmal ==einstufen==.

Verb: _____

Adjektiv: _____

Nomen: _____

b Lesen und ergänzen Sie den Tipp.

TIPP

Nominalisierung von Verben und Adjektiven

Verben und Adjektive können mit Hilfe von Endungen zu Nomen umgewandelt werden, z. B.: einstuf(en) > die Einstufung; pflegebedürftig > die Pflegebedürftigkeit

Zur Nominalisierung von Verben wird an den Verbstamm die Endung -ung angehängt. Nomen mit der Endung -ung sind immer feminin und haben den Artikel _____ / eine.

Ein anderes Verfahren ist die Konversion des Infinitivs: Die Infinitivform erhält das Genus Neutrum und den Artikel *das / ein*: laufen > das _____; waschen > _____

Nominalisierte Infinitive bilden keine Pluralform.

An Adjektive, die auf -ig, -lich, -bar, -sam, -mäßig enden, kann die Endung -keit angehängt werden. Nomen mit der Endung -keit sind immer feminin und haben den Artikel die / _____ selbstständig > _____ _____

Nominalisierte Verben und Adjektive schreibt man wie alle Nomen groß.

c   Bilden Sie Nomen.

Verben	Nomen
unterstützen	die _____ , das _____
pflegen	das _____
Treppe steigen	das _____
waschen	das _____
selbst versorgen	die _____ , das Selbstversorgen
einstufen	die _____ , das _____
helfen	das _____
stürzen	das _____
fortbewegen	die _____ , das _____
beinträchtigen	die _____ , das _____
orientieren	die _____ , das _____
einschränken	die _____ , das _____
bewältigen	die _____ , das _____

Adjektive

pflegebedürftig	_____
schwierig	_____
fähig	_____
machbar	_____
freundlich	_____
aufmerksam	_____

d   Anton beschreibt Herrn Deppes Selbstständigkeit in einem Übergabebericht: Ergänzen Sie die nominalisierte Verbform der Verben in Klammern.

Nach seinem Sturz und der Knie-OP kam Herr Deppe in die Kurzzeitpflege im Altenheim am Park. Das

(1) _____ (laufen) fällt ihm noch schwer. Er braucht (2) _____ (unterstützen)

bei der (3) _____ (selbst versorgen), z. B. beim (4) _____ (anziehen) des

Unterkörpers oder beim (5) _____ (duschen).

Auch bei der (6) _____ (bewältigen) krankheitsbedingter Anforderungen wie dem

(7) _____ (messen) von Blutzucker braucht Herr Deppe zum Teil Hilfe.

Das (8) _____ (waschen) des Oberkörpers erfolgt noch überwiegend selbstständig.

Eine (9) _____ (beeinträchtigen) der Wahrnehmung liegt bei Herrn Deppe nicht vor, er hat

auch keine Probleme bei der (10) _____ (orientieren).

   **3**   **Zum Antrag auf Pflegegrad beraten**

1   **Wichtige Wörter**

🎧 60 **a**   Hören Sie die Wörter und markieren Sie den Wortakzent.
Hören Sie dann noch einmal und sprechen Sie nach.

der Pfl**e**gedienst   die Leistung der Pflegekasse   die Pflegeberatung   der MDK

der Gutachter / die Gutachterin   die Einstufung auf Pflegebedürftigkeit   der Antrag

der Pflegegrad   die Pflegeversicherung   der Pflegeversicherte / die Pflegeversicherte

b   Welche Wörter aus Aufgabe 1a erklärt Anton? Ordnen Sie zu.

1.   Der _____ hat Pflegepersonal, das Kranke und Pflegebedürftige zu Hause

versorgt.

2.   Von der _____ hängt ab, welche Kosten die Pflegeversicherung

übernimmt.

3.   _____ sind Geld und Sachleistungen (z. B. Hilfsmittel für die Pflege),

die die Pflegekasse bezahlt.

4.   _____ ist eine Abkürzung für den Medizinischen Dienst der

Krankenversicherung

5.   Der _____ gibt an, was die Pflegebedürftigen noch selbstständig

bewältigen können und wobei sie Unterstützung brauchen.

6.   Der _____ auf Pflegegrad ist ein Formular, mit dem Pflegeversicherte oder ihre Angehörigen

Unterstützung durch die Pflegeversicherung beantragen.

7.   Der / Die _____ ist die Person, den Grad der Selbstständigkeit bei dem

oder der Pflegebedürftigen einschätzt.

2   **Empfehlungen formulieren**

🎧 61 **a**   Was empfiehlt Anton Herrn Deppe und seiner Tochter?
Hören Sie das Gespräch und kreuzen Sie an.

① die Unterstützung durch einen Pflegedienst zu Hause

② die Beantragung von Leistungen der Pflegekasse

③ das Formular für den Antrag auf Pflegegrad persönlich zu holen

④ ihren Anspruch auf Beratung durch einen Berater der Pflegekasse wahrzunehmen

⑤ dem MDK einen Termin vorzuschlagen

⑥ eine ehrliche Beantwortung der Fragen des MDKs

⑦ eine gute Vorbereitung auf das Einstufungsgespräch

b   Wie formuliert Anton seine Empfehlungen? Ergänzen Sie die angegebenen Sätze von Aufgabe 2a.

1. Ich lege Ihnen *die Unterstützung durch einen Pflegedienst zu Hause* nahe.

2. Deshalb empfehle ich Ihnen _____

4. Ich rate Ihnen auch, _____

6. Ich rate Ihnen zu _____

7. Sehr empfehlenswert ist auch _____

TIPP

G

> jemandem (Dativ) etwas (Akkusativ) empfehlen / raten / vorschlagen / nahelegen
>
> jemandem (Dativ) raten zu + etwas (Dativ)

---

c   Unterstreichen Sie die <u>Akkusativ-</u> und <u>Dativ</u>-Ergänzungen des Verbs.

1. Deshalb empfehle ich <u>Ihrem Vater</u> die Antragstellung auf Pflegegrad.

2. Ich rate Ihnen auch zu einem Gespräch mit einer geschulten Pflegeberaterin.

3. Auch die Pflegekassen bieten Pflegebedürftigen und ihren Angehörigen eine Beratung an.

4. Ich lege den Betroffenen eine gute Vorbereitung auf dieses wichtige Gespräch nahe.

5. Wenn der MDK kommt, empfehle ich Ihnen ein ganz normales Verhalten. Nicht extra anstrengen, sodass Sie danach ganz erschöpft sind.

3   Empfehlungen richtig aussprechen

a   Schreiben Sie Antons Empfehlungen als „dass"-Satz.

1. ich / Ein Pflegdienst / rate / Ihnen / unterstützt / Sie / dass / zu Hause

   Ich rate Ihnen, dass Sie ein Pflegedienst zu Hause unterstützt.

2. Ihre Tochter / dass / empfehle / Ihnen / bei dem Termin mit dem MDK / anwesend / ist / ich

   Ich _____

3. vor / Ihnen / wir / gemeinsam / vorbereiten / das Gespräch / ich / schlage / dass / ich

   Ich _____

4. über das Gespräch / es / möglich / ist / dass / im Internet / Sie sich / informieren

   Es _____

5. Sie sich / frühzeitig / mit einem Pflegedienst vor Ort / ist / es / dass / empfehlenswert / besprechen

   Es _____

   _____

 | 62 | **b**   Wo geht Antons Stimme runter ↓, wo bleibt sie gleich →? Hören und markieren Sie in den Sätzen von Aufgabe 3a wie im Beispiel. Hören Sie dann noch einmal und sprechen Sie nach.

      →

Ich rate Ihnen, dass Sie ein Pflegedienst zu Hause unterstützt. ↓

TIPP

Machen Sie eine kleine Pause, wenn der Satz noch weitergeht.
Die Stimme fällt erst, wenn der Satz zu Ende ist.

4   Die Abfolge eines Antrags auf Pflegegrad beschreiben

a   In welcher Reihenfolge passiert das? Nummerieren Sie.

◯ Die Pflegekasse leitet den Antrag an den MDK weiter.

◯ Sie füllen den Antrag aus und unterschreiben ihn.

◯ Das Formular senden Sie an die Pflegekasse zurück.

① Sie bestellen das Antragsformular telefonisch bei der Pflegekasse oder holen es persönlich ab.

◯ Der MDK schlägt einen Termin für ein Gespräch vor und schickt einen Gutachter.

b   Schreiben Sie die Sätze von 4a in der richtigen Reihenfolge. Beginnen Sie mit der Zeitangabe.

1. Zuerst _____

2. Dann _____

3. Anschließend _____

4. Daraufhin _____

5. Dann erst _____

TIPP

G   Wenn Sie einen Satz mit einer Zeitangabe beginnen, steht das konjugierte Verb auf Position 2, das Subjekt auf Position 3.

c   Wie geht es mit dem Antrag weiter? Unterstreichen Sie die Ausdrücke, die die zeitliche Abfolge beschreiben.

Der MDK besucht den Pflegebedürftigen <u>zum vereinbarten Termin</u> zu Hause und begutachtet vor Ort die Pflegebedürftigkeit. Der MDK schreibt danach sein Gutachten und gibt eine Empfehlung. Das Gutachten sendet er anschließend an die Pflegekasse. Die Pflegekasse entscheidet dann über die Einstufung des Pflegebedürftigen. Die Pflegekasse benachrichtigt im Anschluss den Pflegebedürftigen über das Ergebnis der Einstufung.

d   Variieren Sie die Sätze von 3c. Beginnen Sie mit der Zeitangabe.

Zum vereinbarten Termin _____

_____

_____

_____

_____

_____

4　Weiterführende Informationen erklären

1　Fragen von Angehörigen verstehen

a Was fragt Frau Franz? Schreiben Sie die Fragen richtig.

1. manverstehtWasunterPflegebedürftigkeitgenau

_____

2. beibeurteiltderwirdWasEinstufung?

_____

3. vordieWienimmtEinstufungGutachterder?

_____

4. esWievieleGradegibt?

_____

 63

b Was zeigt Anton Frau Franz und Herrn Deppe? Hören Sie und kreuzen Sie an.

(a) eine interessante Seite im Internet

(b) eine Broschüre der Krankenkasse

(c) einen Fragebogen zur Selbsteinschätzung

(d) eine Grafik zu den Pflegegraden

c Lesen Sie den Textausschnitt und markieren Sie die Antworten auf die Fragen von Aufgabe 1a.

Ihre Krankenkasse

WER IST PFLEGEBEDÜRFTIG?

Wann ist ein Mensch pflegebedürftig? Diese Frage ist nicht einfach zu beantworten, denn Pflegebedürftigkeit hat ganz unterschiedliche Gesichter. Die Voraussetzungen für Pflegebedürftigkeit sind im Gesetz (Elftes Buch des Sozialgesetzbuches – SGB XI) genau definiert: Pflegebedürftig ist, wer körperliche, geistige oder seelische Beeinträchtigungen hat. Pflegebedürftig ist auch, wer gesundheitlich bedingte Belastungen oder Anforderungen nicht selbstständig bewältigen kann und deshalb Unterstützung benötigt.
Der Pflegebedürftigkeitsbegriff berücksichtigt drei wesentliche Elemente der Pflegebedürftigkeit: körperliche, geistige (kognitive) und psychische Beeinträchtigungen. Was zählt, ist der individuelle Mensch und die Frage: Was kann er oder sie noch alleine und wo benötigt er oder sie Unterstützung? Es gibt fünf Pflegegrade, die das Ausmaß der Pflegebedürftigkeit abbilden. Je nachdem, in welchem Ausmaß (Grad) die Selbstständigkeit oder die Fähigkeiten eines Menschen beeinträchtigt sind, ergibt sich einer der fünf Pflegegrade, die mit unterschiedlichen Leistungen der Pflegekasse verbunden sind.
In einem Einstufungsgespräch betrachten die Gutachterinnen und Gutachter die Selbstständigkeit eines Menschen in sechs verschiedenen Bereichen, die für die Bewältigung des täglichen Lebens wesentlich sind. Diese Bereiche (Module) sind:
1. Mobilität

2   Eine Grafik zur Begutachtung von Pflegebedürftigkeit erklären

a   Lesen Sie die Fragen. Sehen Sie die Grafik an und notieren Sie die Information.

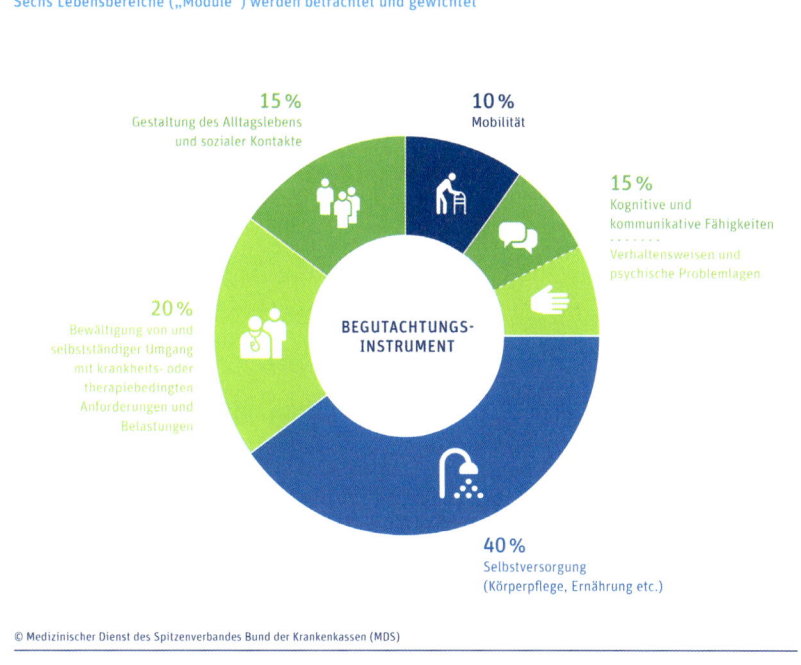

Begutachtung von Pflegebedürftigkeit –
Sechs Lebensbereiche („Module") werden betrachtet und gewichtet

15 %
Gestaltung des Alltagslebens
und sozialer Kontakte

10 %
Mobilität

15 %
Kognitive und
kommunikative Fähigkeiten

Verhaltensweisen und
psychische Problemlagen

20 %
Bewältigung von und
selbstständiger Umgang
mit krankheits- oder
therapiebedingten
Anforderungen und
Belastungen

BEGUTACHTUNGS-
INSTRUMENT

40 %
Selbstversorgung
(Körperpflege, Ernährung etc.)

© Medizinischer Dienst des Spitzenverbandes Bund der Krankenkassen (MDS)

1.   Wie viele Module (Lebensbereiche) werden betrachtet und gewichtet? _____

2.   Wie heißen die Module? _____

_____

3.   Welches Modul „zählt" am meisten? _____

b   Anton erklärt die Grafik. Ergänzen Sie den Dialog mithilfe der Informationen in der Grafik.

●   Sie wollten auch wissen, wie der MDK die Pflegebedürftigkeit einstuft. Also, das kann ich Ihnen auf der

   Grafik zeigen. Dafür stellt der MDK Fragen zu sechs (1) _____, den so

   genannten Modulen. Diese Bereiche werden betrachtet und (2) _____, das heißt

   unterschiedlich bewertet. Der Bereich (3) _____ ist mit 40 % der am stärksten

   gewichtete Bereich. Hier bewertet man z. B., wie selbstständig die Person bei der

   (4) _____ oder bei der Ernährung ist.

   Der Bereich (5) _____ wird mit 10 % gewichtet. Dieser Bereich ist bei Ihnen, Herr

   Deppe, eingeschränkt. Sie müssten hier z. B. erzählen, dass Sie nicht alleine in die Dusche kommen.

○   Ich lese hier (6) „_____ und kommunikative Fähigkeiten", zusammen mit „Verhaltensweisen

   und (7) _____ Problemlagen". Was ist denn damit gemeint?

 64   **c**   Hören Sie zur Kontrolle.

5   Auf das Einstufungsgespräch vorbereiten

1   Der Fragebogen zur Selbsteinschätzung: Kriterien und Bewertung

a   Zu welchem Modul hat Anton einen Fragebogen mitgebracht? Ergänzen Sie das passende Modul auf dem Bogen.

Verhaltensweisen und psychische Problemlagen • Mobilität • Selbstversorgung

„Selbstständigkeitsmeter" Zur Vorbereitung auf den MDK-Besuch					
Name der/des Pflegebedürftigen:	Alter:		Geschlecht: M W		
Kreuzen Sie im Folgenden an, wie selbstständig die „pflegebedürftige" Person die aufgelisteten Aktivitäten ausführen kann und welche Fähigkeiten vorhanden sind. Besonderheiten bei der Pflege finden im Feld „Bemerkung" Platz.					
Modul 1: _____					
Kriterien	selbstständig	überwiegend selbstständig	überwiegend unselbstständig	unselbstständig	Bemerkung
Positionswechsel im Bett					
Halten einer stabilen Sitzposition					
Umsetzen					
Fortbewegung innerhalb des Wohnbereichs					
Treppensteigen					

b   Nach welchem Kriterium wird gefragt? Ordnen Sie zu.

1. Können Sie sich aus eigener Kraft im Bett drehen, z. B. vom Rücken auf die Seite?

   Kriterium: *Positionswechsel im Bett*_____

2. Können Sie sich in Ihrer Wohnung zwischen den Zimmern sicher bewegen?

   Kriterium: _____

3. Können Sie alleine Treppen hoch- und runtergehen oder brauchen Sie Hilfe?

   Kriterium: _____

4. Können Sie sich von einer erhöhten Sitzfläche, wie z. B. Bettkante, aufstehen und sich auf einen Sessel

   setzen? Kriterium: _____

5. Können Sie auf einem Stuhl oder Sessel über längere Zeit gut sitzen bleiben?

   Kriterium:_____

c   Wie werden die Kriterien bewertet? Ordnen Sie das passende Wort zu.

> selbstständig • unselbstständig • überwiegend selbstständig • überwiegend unselbstständig

1. _____

Die Person kann diese Aktivität normalerweise alleine und ohne Hilfe von anderen Personen durchführen. Eventuell fällt die Tätigkeit dieser Person schwer, sie kann sie nur langsam ausführen oder benutzt Hilfs- oder Pflegemittel.

2. _____

Es sind Fähigkeiten vorhanden und die Person kann sich an der Aktivität beteiligen. Aber sie kann die Aktivität nur zu einem kleinen Teil selbstständig durchführen.

3. _____

Die Person kann den größten Teil der Aktivität selbstständig durchführen. Sie braucht nur wenig Hilfestellung durch eine Pflegeperson.

4. _____

Die Person kann diese Aktivität nicht ohne die Hilfe einer anderen Person durchführen, auch nicht teilweise. Es sind keine oder nur sehr geringe Fähigkeiten vorhanden. Eine Pflegeperson muss alle Teilhandlungen für die Person durchführen.

d   Wie werden die Fähigkeiten in diesem Modul bewertet? Schreiben Sie in der richtigen Reihenfolge in den Bogen.

> Fähigkeit vorhanden / unbeeinträchtigt • Fähigkeit in geringem Maß vorhanden • Fähigkeit nicht vorhanden • Fähigkeit größtenteils vorhanden

Modul 2: Kognitive und kommunikative Fähigkeiten				
Kriterien	*Fähigkeit vorhanden / unbeeinträchtigt*			
Erkennen von Personen aus dem näheren Umfeld				
Örtliche Orientierung				
Zeitliche Orientierung				
Erinnern an wesentliche Ereignisse oder Beobachtungen				
Steuern von mehrschrittigen Alltagshandlungen				

		Genus			
Artikel	*Kasus*	*Maskulin*	*Neutrum*	*Feminin*	*Plural*
best. Artikel	*Nom.*	der gut**e** Pfleger	das schön**e** Zimmer	die neu**e** Pflegerin	die nett**en** Kollegen
	Akk.	den gut**en** Pfleger	das schön**e** Zimmer	die neu**e** Pflegerin	den nett**en** Kollegen
	Dat.	dem gut**en** Pfleger	dem schön**en** Zimmer	der neu**en** Pflegerin	den nett**en** Kollegen
	Gen.	des gut**en** Pflegers	des schön**en** Zimmers	der neu**en** Pflegerin	der nett**en** Kollegen
unbest. Artikel	*Nom.*	ein gut**er** Pfleger	ein schön**es** Zimmer	eine neu**e** Pflegerin	— nett**e** Kollegen
	Akk.	einen gut**en** Pfleger	ein schön**es** Zimmer	eine neu**e** Pflegerin	— nett**e** Kollegen
	Dat.	einem gut**en** Pfleger	einem schön**en** Zimmer	einer neu**en** Pflegerin	— nett**en** Kollegen
	Gen.	eines gut**en** Pflegers	eines schön**en** Zimmers	einer neu**en** Pflegerin	— nett**er** Kollegen
Possessiv-artikel	*Nom.*	mein gut**er** Pfleger	mein schön**es** Zimmer	meine neu**e** Pflegerin	meine nett**en** Kollegen
	Akk.	meinen gut**en** Pfleger	mein schön**es** Zimmer	meine neu**e** Pflegerin	meine nett**en** Kollegen
	Dat.	meinem gut**en** Pfleger	meinem schön**en** Zimmer	meiner neu**en** Pflegerin	meinen nett**en** Kollegen
	Gen.	meines gut**en** Pflegers	meines schön**en** Zimmers	meiner neu**en** Pflegerin	meiner nett**en** Kollegen
ohne Artikel	*Nom.*	gut**er** Pfleger	schön**es** Zimmer	neu**e** Pflegerin	nett**e** Kollegen
	Akk.	gut**en** Pfleger	schön**es** Zimmer	neu**e** Pflegerin	nett**e** Kollegen
	Dat.	gut**em** Pfleger	schön**em** Zimmer	neu**er** Pflegerin	nett**en** Kollegen
	Gen.	gut**en** Pflegers	schön**en** Zimmers	neu**er** Pflegerin	nett**er** Kollegen

Lösungen

A In der Pflege arbeiten

1 Krankenhaus und Altersheim

1a Altenheim, Krankenhaus, Altenheim, Krankenhaus

1b das Krankenhaus: das Hospital, die Klink, das Klinikum;
das Altenheim: die Seniorenresidenz, das Altersheim,
die Pflegeeinrichtung, das Pflegeheim,
das Seniorenheim, das Seniorendomizil,
die Senioreneinrichtung

1c Ich arbeite als Pflegekraft bei einem ambulanten
Pflegedienst, … bei einer Beratungsstelle; … in einer
Arztpraxis, Beratungsstelle, Sozialstation,
Pflegeeinrichtung; … in einem Gesundheitszentrum,
Hospiz.

2 Im Krankenhaus Neustadt-Mitte

1a Pädiatrie: Kinderheilkunde, Kardiologie: Herzmedizin,
Gynäkologie: Frauenheilkunde, Neurologie:
Nervenheilkunde, Nephrologie: Nierenheilkunde,
Geriatrie: Altersmedizin, Pneumologie:
Lungenheilkunde, Angiologie: Gefäßmedizin

1b Station 1A: Intensivstation, Station 2A: Orthopädie,
Station 2B: Allgemeinchirurgie, Station 3A, Innere 1:
Kardiologie, Station 3B, Innere 2: Diabetologie, Angiologie,
Gastroenterologie

2a 1. Judith arbeitet auf der **orthopäd**ischen Station., 2. Petra,
Maryam und Phat haben Dienst auf der Innere**n** 2.,
3. Stefano ist Pfleger auf der **kardiolog**ischen Station.

2b Helena, Herr Kaya, Helena, Helena, Stefano

3 Bereiche in der Altenpflege

1a A Altenheim / Pflegeheim, B Kurzzeitpflege,
C Verhinderungspflege, D ambulante Pflege / Pflegedienst

1b Kurzzeitpflege (im Altenheim am Park)

2a 1. die Tochter, 2. der Vater, 3. kein Angehöriger

2b meine Frau: die Ehefrau / die Lebenspartnerin, mein
Mann: der Ehemann / der Lebenspartner; mein Vater /
meine Mutter: die Eltern; mein Bruder, meine Schwester:
die Geschwister, mein Sohn; meine Tochter: die Kinder;
meine Freundin, mein Nachbar, meine Kollegin, …:
Menschen, die in das Lebensumfeld des
Pflegebedürftigen gehören

4 Eine Ausbildung in der Pflege machen

1a Marina, Phat, 2. auf einer Fortbildung, 3. Phat: im
Krankenhaus Neustadt-Mitte, Marina: Altenheim am Park

1b 1. Pflegeschüler/in, Auszubildende/r,
2. Pflegefachmann, Pflegefachfrau,
3. Altenpfleger/in, Pflegefachkraft,
4. Krankenpfleger/in, Pflegefachkraft,
5. Pflegebedürftige, 6. Bewohner,
7. Patienten, 8. Bewohnerzimmer,

9. Patientenzimmer; 10. Wohnbereich,
11. Station, 12. Examinierte, 13. Pflegehelfer

5 Im Altenheim am Park

1a 1. eine Teamsitzung, 2. Anton, Agata, Iva, 3. ist neu im
Team, kommt aus Kroatien, ist examinierte Pflegekraft

1b Iva ist gespannt auf die Arbeit mit den Bewohnern, Anton
ist zuständig für die Beratung von Angehörigen, behilflich
bei Fragen zum Pflegegrad, neugierig auf den Bericht von
Semi und Marina, Agata ist verantwortlich für die
Auszubildenden, Semi ist beliebt bei den Bewohnern,
Marina ist interessiert an den Menschen.

1c + Dativ: behilflich bei, bliebt bei, interessiert an, (zufrieden
mit, vertraut mit);
+ Akkusativ: zuständig für, verantwortlich für, gespannt
auf, neugierig auf, (angewiesen auf, gewöhnt an)

1d 1b: angewiesen auf – etwas ganz dringend brauchen,
2c: zufrieden mit – keine Fehler / Mängel an etwas finden,
3a: gewöhnt an – vertraut mit etwas sein, schon gut
kennen / können

1e 1. auf, 2. für, 3. mit, 4. von, 5. an, 6. zu

1f 1. die Arbeit: die Stelle, der Dienst,
2. der Feierabend: der Dienstschluss,
3. das Team: die Kollegen, 4. der Chef im Altenheim:
der Leiter

1g die Kollegen – die Kolleginnen, der Chef – die Chefin im
Altenheim: der Leiter / die Leiterin

6 Gespräche in der Pflege

1a 1D, 2A, 3B, 4E, 5C, 6F

1b 1. eine Teamsitzung, 2. eine Anamnese, 3. eine Übergabe,
4. ein Gespräch mit Angehörigen, 5. ein
pflegebegleitendes Gespräch, 6. ein Anleitungsgespräch

2a Siezen: Gespräch 2, 4, 5

2b 1. Sie, Ihnen, Ihren, Ihr, Sie, Ihnen, Sie, Ihnen, Sie; 2. Sie,
Ihnen, Ihrer

2c Gib, Warte, komm, fangen; 2. euch, unserer, Wir, Unsere,
unsere, ihr euch, wir uns, uns, dich, du

B Aufnahme auf Station

1 Ein Aufnahmegespräch

1a eine Pflegefachkraft

1b 1b, 2c, 3b

2 Familienstand: verheiratet, Größe: 1,63 m,
Gewicht: 74 kg, Telefon Helmut Lantz: 08282 19876,
Dirk Lantz: Sohn

3a Ausschnitt 1: Kommunikation, Ausschnitt 2: Bewegung,
Ausschnitt 3: Ernährung, Ausschnitt 4: Allergien

3b Abschnitt 4: Allergien

3c 1. Abschnitt: körperliche/funktionelle Einschränkungen:
ja/Sehschwäche; Hilfsmittel: ja/Brille;

Deutschkenntnisse: ja; 2. Abschnitt: körperliche/funktionelle Einschränkungen: ja/Schwäche; Hilfsmittel: ja/Rollator, 3. Abschnitt: Benötigt Hilfe bei der Nahrungsaufnahme: nein; Zahnprothese: Teilprothese unten; Kostform/Diät: Vollkost; 4. Abschnitt: Allergische Reaktionen: ja, auf braune Pflaster

4a Roll**a**tor, R**o**llstuhl, H**ö**rgerät, G**e**hstock, Kont**a**ktlinse, **Au**genprothese, Orth**e**se, **U**nterarmgehstütze

4c der: U**r**in, St**u**hlgang; die: Allerg**ie**, **Au**sscheidung, **Ei**nschränkung, **I**nkontinenz, Sensibilit**ä**tsstörung, **U**nverträglichkeit, **I**ntoleranz, N**ei**gung; das: Medikam**e**nt

4e 1. einen, den, 2. Ihren, der, 3. ein, das, 4. eine, die, 5. eine, die

5a 1c, 2a, 3d, 4b

5b urinieren, groß machen, auf Toilette gehen, Pipi, Kot, Urin, Stuhlgang, Harn, Ausscheidung, Wasser lassen, klein machen; Fachsprache: urinieren, Urin, Stuhlgang, Harn, Ausscheidungen, Wasser lassen

5c **Harn**ausscheidung, **Wasserlassen**, **Harn**inkontinenz, **Stuhl**ausscheidung, **Stuhl**inkontinenz, letzter **Stuhlgang**

6a / 6b 1. eine Allergie haben gegen, allergisch sein auf, (allergisch) reagieren auf, 2. neigen zu, leiden an 3. Hilfe benötigen bei, Unterstützung brauchen bei

7a 1. Wie groß sind Sie?, 2. Arbeiten Sie noch?, 3. Wen können wir im Notfall anrufen?, 4. Welche Telefonnummer hat Ihr Sohn?, 5. Benötigen Sie eine Gehhilfe?, 6. Tragen Sie eine Zahnprothese?

7b 1. Wer ist Ihr Notfallkontakt?, 2. Wem dürfen wir Auskunft über Sie geben?, 3. Wie oft haben Sie Stuhlgang?, 4. Was meinen Sie mit „ab und zu"?, 5. Welche Einschränkungen haben Sie?, 6. Wo genau haben Sie das? Im Knie?, 7. Welches Hilfsmittel benötigen Sie?

7c groß, nicht

7d 1. Wer ist Ihr **Not**fallkontakt?, 2. Wem dürfen wir **Aus**kunft über Sie geben?, 3. Wie **oft** haben Sie Stuhlgang?, 4. Was **mei**nen Sie mit „ab und zu"?, 5. Welche **Ein**schränkungen haben Sie?, 6. Wo gen**au** haben Sie das? Im Kn**ie**?, 7. Welches **Hilf**smittel benötigen Sie? Ein Hörgerät?

8a Brauchen Sie eine besondere **Kost**form? Was essen Sie **nicht**?, Vertragen Sie **alle** Lebensmittel? **Wel**che Lebensmittel vertragen Sie nicht?, Wie viel **trinken** Sie am Tag? **Warum** trinken Sie so wenig?, Haben Sie eine Allergie gegen Medikam**en**te? Gegen **welches** Medikament?, Haben Sie **Schlaf**probleme? **Wel**ches Problem haben Sie beim Schlafen?

8c Vertragen Sie alle Lebensmittel?, Brauchen Sie eine besondere Kostform?, Wie viel trinken Sie am Tag?, Warum trinken Sie so wenig?, Haben Sie Schlafprobleme?, Welches Problem haben Sie beim Schlafen?

8d Kostform/Diät: Vollkost; Lebensmittelunverträglichkeiten: ja, Laktoseintoleranz; Abneigungen/Wünsche: vegetarisch; Trinkmenge: drei

Viertelliter; Schlafprobleme: ja/beim Einschlafen und Durchschlafen

2   Abläufe auf der Station

1a Morgenvisite: 7:00–7:30 Uhr; Abendessen: 17.30 Uhr; Nachtruhe: ab 22 Uhr

1b 1. Gegen kurz vor sieben, 2. Um 7:30, 3. zwischen 10 und 11 Uhr, 4. von 9 bis 21 Uhr, 5. am Nachmittag, 6. Gegen 12 Uhr, 7. ab 17:30 Uhr, 8. Ab 22 Uhr, 9. zu jeder Zeit, 10. von 8 bis 18 Uhr

2a *um*: genaue Uhrzeit; *ab*: Anfangszeitpunkt; *bis*: Endzeitpunkt; *von … bis*: Anfang bis Ende; *gegen*: circa, ungefähr um; *zwischen*: begrenzter Zeitraum; *am*: +Tag/Tageszeit

2b 1. um 14 Uhr, 2. ab 13 Uhr, 3. bis 18 Uhr, 4. von 8 bis 22 Uhr, 5. zwischen 17:30 und 18 Uhr, 6. bis 21 Uhr, 7. gegen 10 Uhr, 8. am Nachmittag, am Wochenende, in der Nacht, 9. ab 24 Uhr

3 Gegen 16:30 Uhr, baldmöglichst, um 14 Uhr, um 11:30 Uhr, Um 15 Uhr, Am Mittwoch um 8:30 Uhr, zwischen 7:15 und 7:45 Uhr

4a 1. wecken, 2. ausgeben, 3. messen, 4. bringen/ausgeben, 5. machen, 6. helfen, 7. erklären, 8. führen, 9. informieren, 10. beantworten

4b 1. dokumentieren, 2. verschreiben, 3. zubereiten, 4. verordnen, 5. verschreiben, 6. ausgeben

4c 1. bringen, 2. findet … statt, ist, 3. hat … gemessen, 4. machen, stehen … auf, 5. soll, helfen, 6. brauchen, unterstütze, 7. verteilen, dauert

3   Orientierung im Krankenhaus

1a 2. OG

1b drittes Obergeschoss: 3. OG, Erdgeschoss: EG, erstes Untergeschoss: 1. UG, Operationsbereich: OP, Elektrokardiographie: EKG, Chefarzt: CA, Chefärztin: CÄ, Toilette: WC

1c der: der CA (der Chefarzt), Zentral-OP, Aufwachraum, Aufzug, Schockraum, Kiosk, Wickelraum, Raum der Stille das: Kiosk, Besucher-WC, Herzkatheterlabor, Labor, Wäschelager

2a die Anästhes**ie**-**A**mbulanz, der **Au**fzug, die Et**a**ge, der **F**ahrstuhl, der Fl**u**r, der G**a**ng, die Kardiolog**ie**, das Lab**o**r, die Stat**io**n, die N**a**chbarstation, das Pati**e**ntenzimmer, die R**ö**ntgenabteilung, das Stat**io**nszimmer, das St**o**ckwerk, das **U**ntergeschoss, der **Wa**rtebereich

2c der Lift: der Aufzug, der Fahrstuhl; die Abteilung: die Station; der Korridor: der Gang, der Flur; der Stationssitz: das Stationszimmer; die Etage: das Stockwerk, das Geschoss

3a Blutentnahme: Labor, EKG: Kardiologie , Röntgen: Röntgenabteilung, OP-Aufklärung: Patientenzimmer, Anästhesieaufklärung: Anästhesie-Ambulanz

3c ist ~~ins~~ / im Labor, müssen ins / ~~im~~ Labor gehen, findet in der / ~~in die~~ Kardiologie statt, ~~in der~~ / in die Kardiologie gehen, befindet sich ~~ins~~ / im 1. UG, den Aufzug ins / ~~in~~

1. UG nehmen, werden Sie ~~in die~~ / in der Röntgenabteilung geröntgt, Der Termin bei / ~~beim~~ Frau Dr. Kostic findet ~~in das~~ / im Patientenzimmer statt., müssen Sie zur / ~~zum~~ Anästhesistin ~~in der~~ / in die Anästhesie-Ambulanz gehen.

3d 1. auf, 2. zu, 3. ins, 4. zur, 5. zum, 6. zum, 7. ins, 8. in, 9. Im, 10. zu, 11. bei, 12. auf (auch: in), 13. zu, 14. in, 15. ins (auch: im), 16. in, 17. auf (auch: in)

C Wunden und Schmerzen

1 Übergabe am Morgen

1a auf der Inneren 2

1b *Petra*: hatte Nachtdienst, gibt Informationen über die Patientin Wittek, ist Pflegefachkraft auf der Station; *Maryam*: ist Pflegefachkraft auf der Station, kennt nur zwei Patienten auf der Station, hört sich die Informationen über die Patienten an; *Phat*: ist Schüler auf der Station, kennt die Patientin Frau Wittek schon, hört sich die Informationen über die Patienten an

1c 1a, c, d; 2b, 3b, d; 4b, 5a,b

2 Die Morgenrunde

1a 1e, 2a, 3b, 4f, 5c, 6g, 7d

1b 1. Morgenrundgang, 2. Vitalzeichen, 3. Thrombosespritzen, 4. Körperpflege, 5. Aufgabe, 6. Wunde, 7. Verband, 8. Wundversorgung

1c machen, werde … messen, wirst … verabreichen, werden … gehen

1d 1. werden … gehen, 2. wird … kommen, 3. werden … warten müssen, 4. werde … bringen, 5. werdet … abholen, 6. wird … besuchen, 7. wirst … arbeiten

2a *Fakt*: Sie hat Fieber., *Vermutung*: Sie wird wohl erhöhte Entzündungswerte im Blut haben.

2b / 2c 1. Herrn Herbst ging es gestern schon gut. Ganz sicher wird Dr. Kasidov ihn heute Morgen entlassen. ++, 2. Frau Beyers Blutdruck wird heute bestimmt wieder erhöht sein. ++ Das war jeden Tag so, 3. Frau Wittek geht es besser. Ihre Schmerzen werden vielleicht auch nicht mehr so stark sein.+-, 4. Frau Raub hat heute Nacht schlecht geschlafen. Sie wird vermutlich sehr müde sein. +- , 5. Herr Bauer wird heute bestimmt Hunger haben. ++ Gestern nach der OP hatte er gar keinen Appetit.

2d 1. Das wird vermutlich nicht so leicht., 2. Sie wird die Wundversorgung heute auf jeden Fall gut erklären., 3. Vielleicht wird ihr die Hilfe einer Frau lieber sein., 4. Zwei Flaschen Wasser werden für heute Morgen eventuell nicht ausreichen., 5. Wahrscheinlich wird sie zuerst nach dem Frühstück fragen.

3a 1. Ich werde ganz vorsichtig sein., 2. Ich werde mich darum kümmern und in der Küche anrufen., 3. Ich werde es ihm noch einmal sagen, 4. Nach dem Morgenrundgang werde ich dem Techniker Bescheid geben., 5. Ich werde Sie immer wieder daran erinnern.

3b 1. wird … wirken, 2. werde … helfen, 3. werden … bringen

3 Schmerzen

1a 1. Schmerz, 2. Skala, 3. 0 bis 10, 4. grün, gelb, orange, rot, lila, 5. leichter, starker

1b 1. unsere, 2. sagen, 3. stark, 4. Farben, 5. rechts, 6. kein, 7. mittlere, 8. einen sehr starken, 9. Patienten, 10. zeigen, 11. nennen, 12. leichtem, 13. höher, 14. stärker, 15. zehn, 16. stärksten

2a c

2b 1c, 2a, 3c, 4b

3a 1. stechen, 2. brennen, 3. hämmern, 4. pochen, 5. bohren, 6. ziehen, 7. quälen, 8. drücken

3b *Verb*: 1. brennt, 4. pocht; *Adjektiv*: 2. brennend, 3. brennende, 5. pochend, 6. pochende

3c brennen

4a 1. stechend, 2. brennend, 3. hämmernd, 4. pochend, 5. bohrend, 6. ziehend, 7. quälend, 8. drückend

4b 1c, 2a, 3e, 4d, 5b

4c 1. ziehende, 2. quälenden, ziehender, drückender, drückende, 3. stechend, brennende, 4. stechende, stechenden, 5. pochende, pochend, 6. quälenden, hämmernde, hämmernden

5a brennenden, ziehenden, drückenden, pochenden

5b 1. Frau Beyers klagt über einen andauernden, stechenden Schmerz zwischen den Schulterblättern.; 2. Herr Böhm berichtet über hämmernde Schmerzen hinter der Stirn.

4 Wundversorgung

1a die Spritze, die **Au**fziehkanüle, die Spüllösung, die **H**andschuhe, die sterile **M**ullkompresse,die Pinzette, die Verb**a**ndsschere, der Verb**a**ndswagen, die **U**nterlage, die **M**ullbinde, die W**u**ndauflage, der Verb**a**nd, das **H**eftpflaster, der **A**bwurfbehälter, die Digit**a**lkamera

1c 1. Verbandswagen, 2. Handschuhe, 3. Unterlage, 4. Verband, 5. Abwurfbehälter, 6. Digitalkamera, 7. Spüllösung, 8. Spritze, 9. Aufziehkanüle, 10. sterilen Mullkompresse, 11. Wundauflage, 12. Pinzette, 13. Mullbinde, 14. Heftpflaster

2a 1b, 2d, 3e, 4c, 5a

2b 1. *Die Patientin informieren*: Ich würde gerne den Verbandswechsel bei Ihnen durchführen. Pflegerin Maryam wird dabei sein, weil ich noch in Ausbildung bin., 2. *die Zustimmung der Patientin einholen*: Ist das für Sie in Ordnung?, 3. *nach dem Befinden/Schmerzen fragen*: Wie geht es Ihnen? Haben Sie Schmerzen? Wenn es sehr unangenehm wird, dann sagen Sie Bescheid, ja? 4. *ein Schmerzmittel anbieten*: Wir können Ihnen auch noch ein Schmerzmittel geben., 5. *kommentieren/ beschreiben, was man macht*: Ich entferne jetzt den alten Verband und säubere die Wunde.

2c 1. *Die Patientin informieren*: Ich muss die Wundversorgung noch üben. Pflegerin Maryam leitet mich an.; 2. *die Zustimmung der Patientin einholen*: Ich hoffe, das ist okay für Sie?, Sind Sie damit einverstanden?; 3. *Nach dem Befinden / Schmerzen fragen*: Welchen Wert auf der Skala würden Sie Ihrem Schmerz gerade geben?, Wirkt das Schmerzmittel noch? Geht das so bei Ihnen / für Sie?; 4. *ein Schmerzmittel anbieten*: Möchten Sie noch etwas gegen die Schmerzen?; *Brauchen Sie ein Schmerzmittel?*, 5. *kommentieren / beschreiben, was man macht*: Ich wechsle jetzt gleich Ihren Verband. Zuerst mache ich den alten Verband ab.

3a / b 1. So, Frau Wittek, sind Sie bereit? Dann machen wir jetzt den Verbandswechsel., 2. Dann heben Sie bitte Ihr Bein an, damit ich eine saubere Unterlage darunterlegen kann., 3. So, jetzt mache ich den alten Verband ab., 4. Ich würde jetzt gerne ein Foto für die Wunddokumentation machen. Ist das in Ordnung?, 5. Und jetzt reinige ich die Wunde. Nicht erschrecken, das wird jetzt ein bisschen kalt., 6. Wir sind gleich fertig. Ich lege jetzt nur noch den neuen Verband an und fixiere ihn.

4a 1. Patienten informieren, 2. bei Bedarf Schmerzmittel verabreichen, 3. Hände desinfizieren, 4. Materialien bereitlegen, 5. Einmalhandschuhe anziehen, 6. alten Wundverband entfernen, 7. auf Menge, Geruch und Farbe des Exsudates achten, 8. Wunde für die Dokumentation fotografieren, 9. alle Einmalmaterialien im Abwurfbehälter entsorgen, 10. Spüllösung aufziehen, 11. Wunde reinigen, 12. Wundränder abtrocknen, 13. die Wundversorgung dokumentieren und den Wundbogen ausfüllen

5a 1a; 2a, b, c, d, f; 3d, e

5b 1. Wundumgebung, 2. Wundrand, 3. Wundgrund

5c 1. Der Wundgrund ist fibrinös belegt.; 2. Die Wundränder sind unregelmäßig und aufgeweicht, mazeriert.; 3. Die Wundumgebung ist gerötet.; 4. Das Wundexsudat ist eitrig und übelriechend.

5d 1d, 2g, 3f, 4a, 5c, 6h, 7b, 8e

6a / 6b 1. der **E**iter - **ei**trig, 2. die Mazerati**o**n - mazer**ie**rt, 3. der Bel**a**g - bel**e**gt, 4. die Nekr**o**se - nekrotis**ie**rt, 5. die **Ei**nschränkung - **ei**ngeschränkt, 6. das Fibr**i**n - fibrin**ö**s, 7. die Ent**zü**ndung - ent**zü**ndet, 8. die R**ö**tung - ger**ö**tet, 9. die Epithelis**ie**rung - epithelis**ie**rt, 10. der W**u**lst - w**u**lstig, 11. die Fl**ü**ssigkeit - fl**ü**ssig, 12. die Granulati**o**n - granul**ie**rt

6c das Wundsekret, die Mazeration, eitrig, das Entzündungszeichen, der Fibrinbelag (das Fibrin, der Belag), aufgeweicht, entzündet

7a / 7b Wundgrund: *Fibrinbelag*, Wundrand: *mazeriert*, Wundumgebung: *gerötet*, Wundexsudat: *viel, eitrig*, Wundgeruch: *ja: übelriechend*, Entzündungszeichen: *Rötung, Schwellung, Überwärmung, Funktionseinschränkung, Schmerzen*

8a b

8b 1. Schmerzen, 2. Verband, 3. Wunde, 4. fibrinös, 5. gerötet, 6. geschwollen, 7. Wundexsudat, 8. übelriechend, 9. mazeriert, 10. fotografiert, 11. Fotos, 12. Visite

D Ein Patient mit Lungenödem

1 Diagnose und Diagnostik

1a 1. Patienten, 2. Frau, 3. Tochter, 4. Schwiegersohn

1b 1c, 2b

2a 1. Die Diagnose lautet hypertensive Krise., 2. Bei Ihrem Vater wurde ein Lungenödem diagnostiziert., 3. Wir müssen noch weitere Diagnostik durchführen.

2b 1. hypertensive, 2. anstieg, 3. hoch, 4. stabilisieren, 5. besser, 6. hohen, 7. Lungenödem, 8. Wasser, 9. Atemnot, 10. geschwollen

3a die Diagn**o**stik, diagnostiz**ie**ren, diagnostiz**ie**rt, die Diagn**o**se

3b 1. diagnostiziert, 2. Diagnose, 3. Diagnostik

4a die Intensivstation, die h**y**pertensive Kr**i**se, das EK**G**, der Bl**u**tdruck, der Blutdruckanstieg, die Blutdruckm**e**ssung, das Bl**u**tdruckmessgerät, die L**a**ngzeitblutdruckmessung, das Bl**u**tdruckmedikament, die Schw**e**llung, das L**u**ngenödem, die Fl**ü**ssigkeit, die Tr**i**nkmengenbeschränkung

4b 1. die Schwellung, 2. das EKG, 3. das Blutdruckmessgerät / die Blutdruckmessung

4c 1. Der Blutdruck<u>anstieg</u>, ansteigen, steigt an, ist … angestiegen; 2. Langzeit-blutdruck<u>messung</u>, messen, messen, wird … gemessen; 3. <u>Schwellung</u>, (an) schwellen, schwellen an, sind angeschwollen, 4. Trinkmengen<u>beschränkung</u>, beschränken, beschränkt, ist beschränkt

5a 1. <u>Sie haben Ihre Medikamente längere Zeit nicht mehr genommen.</u> <u>Infolgedessen ist Ihr Blutdruck angestiegen.</u>, 2. <u>Ihr Blutdruck war extrem hoch,</u> <u>daher kamen Sie auch gleich auf die Intensivstation,</u> 3. <u>Jetzt ist Ihr Blutdruck besser,</u> <u>folglich hat man Sie zu uns auf die kardiologische Station gebracht.</u>

5b 1. Infolgedessen, 2. daher, 3. folglich

5c daher, folglich, Folge, 1, 2, Komma

5d 1. Mit dem hohen Blutdruck ist das Herz überfordert, deshalb staut sich Flüssigkeit in der Lunge., 2. In Ihrer Lunge staut sich das Wasser. Infolgedessen bekommen Sie schwer Luft., 3. Sie haben auch gestaute Flüssigkeit in den Beinen, daher sind Ihre Beine geschwollen.

5e 1. …, infolgedessen ist Ihr Blutdruck angestiegen., 2. Deshalb machen wir ab morgen eine Langzeitblutdruckmessung., 3. Folglich bekommen Sie eine Trinkmengenbeschränkung., 4. Darum muss ich Ihren Besuch bitten, kurz aus dem Zimmer zu gehen., 5. …, deswegen wird sie die Messungen durchführen., 6. Daher notiert Helena die Werte zuerst auf Papier.

5f Ihr Blutdruck ist infolgedessen angestiegen., 2. Wir machen deshalb ab morgen eine Langzeitblutdruckmessung., 3. Sie bekommen folglich eine Trinkmengenbeschränkung., 4. Ich muss darum Ihren Besuch bitten, kurz aus dem Zimmer zu gehen., 5. Sie wird deswegen die Messungen durchführen., 6. Notiere daher die Werte bitte zuerst auf Papier.

2 Werte messen und dokumentieren

1a 1. 173 cm, 2. 87 kg, 3. 36,9 °C, 4. 96, 5. 155/85, 6. 95 %, 7. Nein, 8. kochsalzarme Kost, 9. morgens, 10. mittags, 11. 40 mg

1b RR: Blutdruck, BZ: Blutzucker, P: Puls, Tbl.: Tablette, T: Temperatur, p.o.: per os/oral, s.c.: subcuntan, b. Bdf.: bei Bedarf, i.v.: intravenös, i.m.: intramuskulär, tgl.: täglich, cm: Centimeter, diast.: diastolisch, kg: Kilogramm, syst.: systolisch

2a den Blutdruck, den Puls, die Temperatur, die Sauerstoffsättigung
RR: 165/90, P: 100, T: 36,1, SpO2: 96 %

2b 1. messen, 2. freimachen, 3. anlegen, 4. ausziehen, 5. hochschieben, 6. fühle, 7. kontrolliere, 8. ruhig halten

3

Blatt: *1*			Name: *Kaya, Vorname ?*		
Datum (Krankheitstag)			*12.03. (1)*		*13.0*
Trinkmengen-beschränkung: max. 1500ml tgl.	Puls	Temp			
	140	40			
	120	39			
	100	38			
	80	37			
	60	36			
	40	35			

3

RR		*155/85*	*165/90*	
Stuhl		*Ø*		
Größe/Gewicht		*173cm/87Kg*		
BZ mg/dl				
Urin/Bl-Kath				
AF/min		*17*		
SpO2		*95%*	*96%*	
Kost		*kochsalzarm*		
Medikation		*Ramipril Tbl. 5 mg.*	*1 - 0 - 0*	
		Betablocker Tbl. 95 mg.	*1 - 0 - 0*	
		Furosemid Tbl. 40 mg.	*1 - 0 - 0*	
		Kalium-Brause 20mmol	*1 - 0 - 0*	
		Heparin-Natrium s.c. 7500 IE	*1 - 0 - 0*	
		Acetylsalicylsäure 100mg	*0 - 1 - 0*	
		Digoxin 0,1mg	*0 - 1 - 0*	
		Atorvastatin Tbl. 40 mg	*0 - 0 - 1*	
		Pantoprazol 20mg Tbl.	*0 - 0 - 1*	

Herr Zettel

Blatt: *1*			Name: *Zettel, Micha*		
Datum (Krankheitstag)			*12.03. (1)*		*13.0*
	Puls	Temp			
	140	40			
	120	39			
	100	38			
	80	37			
	60	36			
	40	35			
RR			*100/60*	*90/55*	
Stuhl			*Ø*		

4a kontrolliert, gemessen, aktualisiert, erledigt, informiert

4b 1. Ja, die Betten sind gemacht., 2. Ja, die Bettdecke ist frisch bezogen., 3. Ja, die Blutproben sind abgeliefert., 4. Ja, der Tropf ist angehängt., 5. Ja, das ist dokumentiert., 6. Ja, das Blutzuckermessgerät ist überprüft.

5a **a**rrhythmisch, beschl**eu**nigt, fl**a**ch, **ni**edrig, kr**ä**ftig, schw**a**ch, **u**nregelmäßig, h**o**ch, **l**angsam, schn**e**ll, rh**y**thmisch, **r**egelmäßig

5b Der Puls ist / war … (alle Adjektive passen)
Die Temperatur ist /war hoch, niedrig;
Die Atmung ist / war flach, regelmäßig, unregelmäßig, beschleunigt, rhythmisch, arrhythmisch.

5c rhythmisch - arrhythmisch, schwach - kräftig, hoch - niedrig, langsam - schnell

6a Der Blutdruck von Herrn Zettel war niedrig., Sein Puls war regelmäßig., Herr Zettel hatte einen niedrigen Blutdruck und eine regelmäßige Atmung.

6b 1. niedrig, niedrigen, starken, niedrige, 2. kräftigen, kräftige, 3. geschwollen, geschwollenen, neuem, 4. starken, großes, gute, strenge, geplante, 5. normale, hoch, hohe

3 Flüssigkeitsbilanzierung

1a 1a, 2c, 3a

1b 1b, 2e, 3a, 4d, 5c

1c 1.-5.: die Maßnahme, a)-e): das Ziel der Maßnahme

2a 1. Sie müssen Ihre tägliche Trinkmenge beschränken, um weniger Wasser einzulagern., 2. Teilen Sie sich das Wasser über den Tag gut ein, damit Sie am Abend nicht so durstig sind., 3. Wir können Ihnen kleine Trinkportionen bringen, damit Ihnen die Einteilung leichter fällt., 4. Sie können mittags die Suppe weglassen, um dann mehr trinken zu dürfen., 5. Die Tabletten müssen Sie nehmen, damit die Beine abschwellen., 6. Ab morgen werden wir Sie täglich wiegen, um zu sehen, ob Ihre Ödeme zurückgehen.,

7. Wir werden Ihren Urin sammeln, um noch weitere Diagnostik durchzuführen.

2b Ich erkläre Ihnen die Trinkmengenbeschränkung, damit **Sie** die Maßnahme verstehen., **Sie** müssen Ihre Trinkmenge beschränken, damit **Sie** weniger Wasser einlagern.; **Sie** müssen Ihre Trinkmenge beschränken, um weniger Wasser einzulagern.

2c 1. **Sie** müssen Ihre Trinkmenge einteilen, damit **Sie** abends nicht so durstig sind.; 2. **Wir** bringen Ihnen das Wasser in kleinen Portionen, damit Ihnen **die Einteilung** leichter fällt.; 3. **Sie** müssen die Blutdrucktabletten nehmen, damit sich **Ihr Blutdruck** reguliert.; 4. **Sie** sollten besser kein Obst essen, das viel Wasser enthält, damit **Sie** weniger Flüssigkeit aufnehmen.; 5. **Wir** möchten Ihr Herz unterstützen, damit **alles andere** dann auch wieder besser funktioniert.

2d 1. Sie müssen Ihre Trinkmenge einteilen, um abends nicht so durstig zu sein.; 2. Sie sollten besser kein Obst essen, das viel Wasser enthält, um weniger Flüssigkeit aufzunehmen.

3 1. a) der Urinbecher, b) die Urinflasche, c) der Urinbeutel, d) der Sammelurinbehälter, 2a, 3a, 4b, 5c

4a 1. Herr Kaya soll ab morgen für 24 Stunden seinen Urin sammeln., 2. Bereite die Sachen vor., 3. Nein, ich weiß leider nicht, wie das geht., 4. Ich kann dir das jetzt leider nicht erklären.

4b nicht, nein

4c 1. Nein, nicht Herr Kaya hat geklingelt., 2. Stefano kann die Sachen jetzt nicht vorbereiten. (auch … nicht jetzt), 3. Nein, Helena kennt sich nicht gut mit dem Sammelurin aus., 4. Helena kann die Vorbereitung nicht alleine übernehmen., 5. Nein, der Urin muss nicht ab heute Abend gesammelt werden.

4d 1. nichts, 2. noch nie, 3. Niemand, 4. nirgends, 5. nirgendwohin

4e alles → nichts , schon irgendwann → noch nie, jemand → niemand, irgendwo → nirgendwo, irgendwohin → nirgendwohin

4f 1. nirgends, 2. niemand, 3. noch nichts, 4. noch nicht, 5. nichts, 6. niemand

4g 1. nirgendwo, 2. noch nie, 3. niemand, 4. noch nirgends, 5. niemand 6. noch nicht, 7. nichts

E Hygiene

1 Achtung Infektion

1a 1a, 2b, 3b, 4a

1b 1. Maßnahmen schnell und konsequent ergreifen, 2. Betroffene Bewohner im eigenen Zimmer isolieren, 3. Zur Vermeidung einer Infektion Schutzkleidung tragen, 4. Bewohner über die Maßnahmen aufklären, 5. Besuchern die korrekte Händehygiene erklären

2a 1. die **Ei**nweghandschuhe, 2. der l**a**ngärmelige Sch**u**tzkittel, 3. der **e**nganliegende M**u**ndschutz, 4. viru**zi**de Desinfekt**io**nsmittel, 5. die

Händedesinfektion, 6. die Wischdesinfektion, pat**ie**nnennahe Fl**ä**chen mit h**äu**figem H**a**nd- und H**au**tkontakt: z.B. der N**a**chttisch, das B**e**ttgestell

3a 1. Ich muss die Schutzkleidung tragen, während ich bei Ihnen bin., 2. Sie sind krank, weil Sie das Norovirus haben., 3. Wir müssen alle besonders auf Hygiene achten, damit sich niemand ansteckt., 4. Sie müssen leider auf Ihrem Zimmer bleiben, bis Sie keine Symptome mehr haben., 5. Ihre kleine Enkelin sollte Sie nicht besuchen, solange es Ihnen so schlecht geht.

3b weil, damit, bis, während, solange

3c 1. damit, 2. weil, 3. damit, 4. damit, 5. damit, 6. damit, 7. weil

3d 1. Während ich bei Ihnen bin, muss ich Schutzkleidung tragen., 2. Weil Sie das Novovirus haben, sind Sie krank., 3. Damit sich niemand ansteckt, müssen wir besonders auf Hygiene achten., 4. Bis Sie keine Symptome mehr haben, müssen Sie leider auf Ihrem Zimmer bleiben., 5. Solange es Ihnen so schlecht geht, sollte Ihre kleine Enkelin Sie nicht besuchen.

4a 1c seit, 2a bis, 3d sobald, 4e nachdem, 5b bevor,

4b **1** 1. Seit, 2. Sobald, 3. bis, 4. Bevor, 5. nachdem
2 1. nachdem, 2. bevor, 3. bis, 4. sobald, 5. bevor

2 Besucher informieren

1a 1. der Fingernagel, 2. der Nagelfalz, 3. die Fingerkuppe, 4. die Fingeraußenseite, 5. das Desinfektionsmittel, 6. der Handrücken, 7. die Handfläche, 8. der Finger, 9. der Daumen, 10. die Hand

2 Infektionsgefahr! Besucher melden sich bitte vor Betreten des Zimmers beim Personal!

3a geben, durchführen, 1. reiben, 2. streichen, 3. legen, verschränken, spreizen, reiben, 4. knicken, verschränken, reiben, 5. zusammennehmen, drehen, 6. umfassen, einreiben, ausführen, einhalten

3b Geben Sie, Führen Sie … durch, 1. Reiben Sie, 2. streichen Sie, 3. Legen Sie, verschränken und spreizen Sie, reiben Sie, 4. Knicken Sie, verschränken Sie, reiben Sie, 5. nehmen Sie … zusammen, drehen Sie, 6. Umfassen Sie, reiben Sie … ein, führen Sie … aus, halten Sie … ein, beachten Sie

3c eine (junge) Kollegin / ein (junger) Kollege: du, zwei (junge Kollegen): ihr
du: gib, führ … durch, 1. reib, 2. streich, 3. leg, verschränk, spreiz, reib, 4. knick, verschränk, reib, 5. nimm … zusammen, dreh, 6. umfass, reib … ein, führ … aus, halt … ein, beacht**e**
ihr: gebt, führt … durch, 1. reibt, 2. streicht, 3. legt, verschränkt, spreizt, reibt, 4. knickt, verschränkt, reibt, 5. nehmt … zusammen, dreht, 6. umfasst, reibt … ein, führt … aus, haltet … ein, beachtet

3 Fragen zur Händehygiene klären

1a Agata: ist die Hygienefachkraft im Altenheim im Park.; Semi: hat an einer Hygiene-Schulung teilgenommen., … hat viele Fragen zum Thema Händehygiene.

1b Kannst du mir erklären, wann ich meine Hände desinfizieren muss?, Weißt du, ob ich meine Hände vorher waschen muss?

1c direkte W-Frage: **Wann** muss ich meine Hände desinfizieren? Indirekte W-Frage: Kannst du mir erklären, **wann** ich meine Hände desinfizieren muss?, direkte Ja/Nein-Frage: **Muss** ich meine Hände vorher waschen? Indirekte Ja/Nein-Frage: Weißt du, **ob** ich meine Hände vorher waschen muss?

2a 1. Warum, 2. Was, 3. Muss, 4. Soll, 5. Desinfiziere, 6. Wie

2b Kannst du mir sagen, … ; Könntest du mir erklären, … ; Weißt du, … ; Hast du einen Tipp?

2c 1. Kannst du mir sagen, warum man bei der Versorgung keine Ringe tragen darf?, 2. Könntest du mir erklären, was „unmittelbare Patientenumgebung" bedeutet?, 3. Weißt du, ob ich meine Hände zweimal desinfizieren muss, wenn sie mit Sekret beschmutzt sind?, 4. Kannst du mir sagen, ob ich meine Hände erst waschen soll, wenn sie sehr verschmutzt sind?, 5. Könntest du mir erklären, wie ich nach dem Ausziehen der Handschuhe meine Hände desinfiziere?, 6. Hast du einen Tipp, wie ich meine Hände pflegen kann?

2d 1. Können / Könnten Sie mir erklären / sagen, … 2. Wissen Sie, … 3. Haben Sie einen Tipp, … 4. Könnt / Könnet ihr mir erklären, … 5. Wisst ihr, … 6. Habt ihr einen Tipp, …

3a In Variante 1 geht die Stimme am Ende immer runter ↓, in Variante 2 immer hoch ↑.

3b Variante 2, die Stimme geht hoch

4   Mundhygiene

1a das **Wa**sserglas, die **Zah**nbürste, das **Mu**ndwasser, die **Zah**nseide, die **Nier**enschale, die **Zah**nprothese / das Gebi**ss**, der **Li**ppenpflegestift, das **Ha**ndtuch

2a Zahnprothese, Gebiss, Handtuch, Wasserglas, Nierenschale

2b 1. säubern, 2. reinigen, 3. stimmt, 4. klappert, 5. tut weh, 6. schauen, 7. lege, 8. bleibt, 9. ausspülen, 10. spucken, 11. öffnen, 12. rausnehmen, 13. fällt raus, 14. sehe an, 15. mache, 16. kleben, 17. verursacht

2c 1b, 2d, 3e, 4a, 5c

3a Iva schreibt kurze Sätze mit Verben im Partizip II

3b spülen – gespült, äußern – geäußert, reinigen – gereinigt, durchführen – durchgeführt, eincremen – eingecremt, einsetzen – eingesetzt, anweisen – angewiesen,
entdecken – entdeckt, kontrollieren – kontrolliert, einnehmen – entnommen

3c Zahnarzttermin vereinbart, Mundraum inspiziert, Soor- und Parotitisprophylaxe durchgeführt, Tee und Kaugummi angeboten

3d ~~sofort künstlichen Speichel geben~~, ~~wenig Flüssigkeit anbieten~~

4a 1a, 2a, 3b

4b 1. Guten Tag, mein Name ist … Ich bin Pflegefachkraft im … 2. Ich rufe an, weil Frau Helms, eine unserer Bewohnerinnen, Beschwerden hat. Ich wollte mit Frau Dr. Grün abklären, was wir machen sollen., 3. Bei der Mundpflege habe ich zwei wunde Stellen entdeckt. Die Prothese passt wahrscheinlich nicht mehr richtig. Die Bewohnerin hat auch Schmerzen, deshalb haben wir die Prothese nicht wieder eingesetzt., 4. Das geht leider nicht. Die Bewohnerin ist stark bewegungseingeschränkt und liegt meistens im Bett. Sie kann nicht in die Praxis kommen., 5. Könnte Frau Dr. Grün einen Hausbesuch machen?, 6. Das verstehe ich. Aber könnten Sie nicht bitte eine Ausnahme machen? Würden Sie bitte bei Frau Dr. Grün nachfragen? 7. Alles klar. Und vielen Dank, dass es doch so schnell mit dem Termin klappt. Das war freundlich von Ihnen. 8. Auf Wiederhören.

4c (Reihenfolge wie 4b)

F Körperpflege

1   Die Übergabe verstehen

1a 1a, 2b, 3a

1b 1. Herr Brunetti wurde auf die rechte Seite gedreht., … hat stark geschwitzt., 2. Herr Firat/Herr Paulsen wurden vom Nachtdienst geduscht, … werden lieber von Männern versorgt. 3. Frau Heidegger bekam in der Nacht eine Intimwäsche., … braucht noch eine Teilwäsche., 4. Frau Konopka muss heute Morgen geduscht werden., … braucht nur wenig Unterstützung, 5. Herr Schmerfeld/Herr Yilmaz brauchen eine Ganzkörperwäsche., 6. Herr Schmerfeld kann sich selber rasieren und kämmen.

1c 1. Wünsche, 2. Intimsphäre, 3. Ressourcen, 4. Prophylaxen

1d 1. Intimsphäre, 2. Wünsche, 3. Ressourcen, 4. Prophylaxen

2a der **Hi**nterkopf, der **E**llenbogen, die **E**llenbeuge, die Br**u**st, der **o**bere R**ü**cken, die Sch**u**lterblätter, die **Wi**rbelsäule, die **Wi**rbelvorsprünge, der **u**ntere R**ü**cken, die **Hü**fte, das Ges**äß**, der Int**i**mbereich, der **O**berbauch, der **U**nterbauch, der B**au**chnabel, der **O**berschenkel, das Kn**ie**, die Kn**ie**kehle, die **U**nterschenkel, der F**uß**, die Z**eh**en, die **Fe**rse, die F**uß**knöchel, die **Fuß**sohle

2b

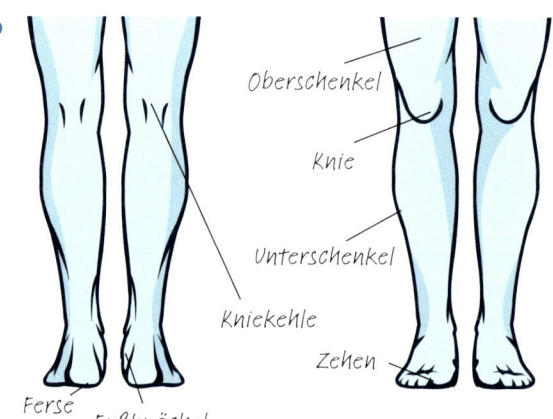

Oberschenkel

Knie

Unterschenkel

Kniekehle

Zehen

Ferse

Fußknöchel

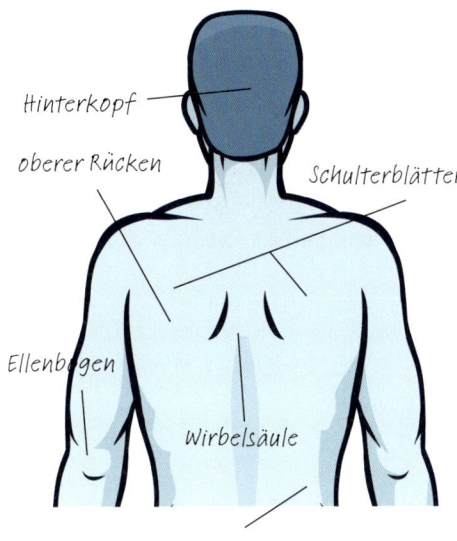

Hinterkopf
oberer Rücken
Schulterblätter
Ellenbogen
Wirbelsäule
unterer Rücken

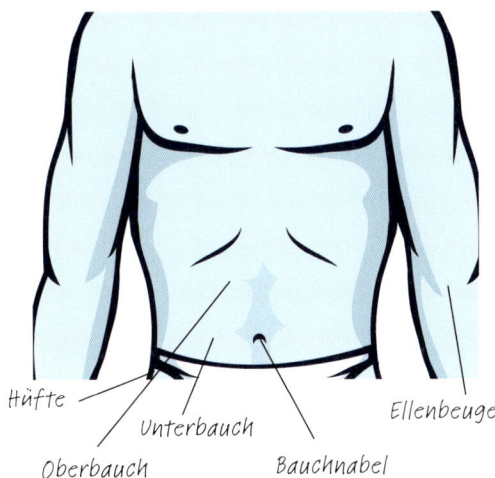

Hüfte
Unterbauch
Ellenbeuge
Oberbauch
Bauchnabel

2c die Schulterblätter – das Schulterblatt, die Wirbelvorsprünge – der Wirbelvorsprung, die Unterschenkel – der Unterschenkel, die Zehen – der Zeh, die Fußknöchel – der Fußknöchel

2d 1c, 2a, 3a

3a 1. der Penis, 2. die Vagina, 3. das Gesäß

3b 1d, 2a, 3b, 4c

4a 1a, 2a/b, 3a

4b 1A, 2C, 3B

4c 1. Hinterkopf + Ohren, 2. Schulterblätter, 3. Ellbogen, 4. unterer Rücken, Gesäß, 5. Hüfte, 6. Knie-Innenseite, 7. Ferse

4d Haut, Brüste, Bauch, falte, Ober, Zehen

2   Die Morgenpflege organisieren

1a 1c, 2e, 3b, 4a, 5d

1b 1. muss gerichtet werden, 2. muss positioniert werden, 3. müssen gemessen werden, 4. kann aufgeräumt

werden, 5. will versorgt werden, 6. kann begleitet werden

1c Frau Konopka <u>wird geduscht</u>. Die Bewohner <u>werden versorgt</u>. Frau Konopka <u>muss geduscht werden</u>. Herr Deppe <u>sollte</u> am Waschbecken <u>gewaschen werden</u>. Das Zimmer <u>kann</u> auch später <u>aufgeräumt werden</u>.

1d 1. positioniert/anders gelagert, 2. angereicht, 3. begleitet

1e 1. waschen, 2. einseifen, 3. abtrocknen, 4. kämmen, 5. eincremen

1f 1. wird gewaschen, 2. wird eingeseift, 3. wird abgetrocknet, 4. werden gekämmt, 5. wird eingecremt

1g 1. Alle Materialien sollten vor der Morgenrunde vorbereitet werden., 2. Die Handschuhe müssen vor dem Waschen angezogen werden., 3. Frau Konpka soll die Frisur im Handspiegel gezeigt werden., 4. Herr Nickel will nicht geduscht werden., 5. Herr Brunetti muss mit der Waschschüssel im Bett gewaschen werden., 6. Bei ihm muss unbedingt auf die Intertrigoprophylaxe geachtet werden., 7. Frau Heidegger darf nicht mit Seife gewaschen werden., 8. Herr Yilmaz sollte an die Hüftprotektoren erinnert werden.

2a Semi, würdest du Herrn Firat und Herrn Paulsen bei der Körperpflege helfen?, Marina, könntest du Herrn Yilmaz und Frau Konopka übernehmen?, Könnte einer von euch zu Herrn Brunetti mitkommen?, Würdet ihr die Materialien für eure Bewohner vorher richten?

2b Könn**test** du mir helfen? Würd**est** du mir helfen? Könn**tet** ihr euch bitte etwas beeilen? Würd**et** ihr euch bitte etwas beeilen? Würd**en** Sie kurz warten, Frau Konopka? Könn**ten** Sie kurz warten, bitte?

2c 1. Könntest/Würdest, 2. Könntet/Würdet, könntet/würdet, 3. könnten/würden

2d 1. Könntest/Würdest du bitte Herrn Firat versorgen?, 2. Könntet/Würdet ihr das bitte zuerst machen?, 3. Könntest/Würdest du bitte Herrn Paulsen bei der Morgenpflege unterstützen?, 4. Könnten/Würden Sie Bescheid sagen, wenn Sie fertig sind?, 5. Könnten/Würden Sie versuchen, das selbst zu machen?

3   Die Körperpflege durchführen

1a 1. ~~Gesundheit~~ / Nacht, 2. kurze / ~~erholsame~~, 3. ~~Spaziergang~~ / Mittagsschlaf, 4. Dusche / ~~Unpünktlichkeit~~, 5. ~~kein~~ / viel, 6. ~~Essenswunsch~~ / Kleidungswunsch, 7. neue Einlage / ~~frische Bettwäsche~~, 8. Aufstehen / ~~Hinlegen~~, 9. ~~beim Gang zur Badezimmertür~~ / im Badezimmer, 10. Körperpflege / ~~Mundpflege~~

1b 1. erkundigt sich nach, 2. berichtet über, 3. rät zu, 4. entschuldigt sich für, 5. zeigt Verständnis für, 6. fragt nach, 7. bittet um, 8. hilft bei, 9. unterstützt bei, 10. beginnt mit

1c *Dativ*: sich erkundigen nach, jemandem raten zu, jemanden fragen nach, jemandem helfen bei, jemanden unterstützen bei, beginnen mit

Akkusativ: jemandem berichten von, sich entschuldigen für, Verständnis zeigen für, jemanden bitten um

1d achten auf, aufpassen auf, sich kümmern um, denken an, (sich) informieren über, leiden an, sich beschweren über, (sich) erinnern an

1e 1. auf, 2. an, 3. um, 4. an, 5. über, 6. an, 7. an, 8. über

1f 1. Ihnen / ~~Sie~~, die, 2. ~~einen neuem~~ / ein neues Shampoo, 3. ~~der~~ / den Einlagen, 4. ~~dem~~ / den Anruf, 5. ~~Ihren~~ / Ihre Hörgeräte

2 1. mit dem, 2. mit den, 3. nach ihrem … ihren, 4. auf die, 5. bei der morgendlichen, 6. an, 7. an die wichtigen, 8. über Ihr

3a 1. Auskleiden, 2. lauwarm, 3. Gut, 4. Achtung, 5. Möchten, übernehme. 6. Rücken, 7. Handgriffen, 8. sich, 9. rankommen, 10. föhnen

3c dem Bewohner / der Bewohnerin Hilfe anbieten: 5, 9 den Bewohner / die Bewohnerin informieren: 1, 4; den Bewohner / die Bewohnerin zu etwas auffordern: 5, 7, 8; den Bewohner / die Bewohnerin nach seinen / ihren Wünschen fragen: 2, 3, (6), 10

4 1a, 2a, c , e, 3a, b

5a 1a, 2a, 3b

5b eine Ganzkörperwäsche im Bett / kümmern (um): darum; bei der Wäsche im Bett beachten: dabei; Was muss man denn bei der Wäsche im Bett beachten, nachgedacht (nachdenken über): darüber

5c 1. damit, 2. darum, 3. darüber, 4. darüber, 5. danach, 6. Daran

6 die **I**nkontinenzunterlage, die **I**nkontinenzeinlage, der **I**nkontinenzslip, das Urin**a**lkondom

7a 1b, 2b, 3a

7b *die Ursachen für das Problem zu klären*: Was ist denn passiert?, Seit wann …?, Darf ich mal nachsehen, …?; *Verständnis zu zeigen*: Das verstehe ich, dass Sie darüber verärgert sind.; Ich glaube Ihnen, … Keine Sorge, wir finden schon eine Lösung.; *Lösungsvorschläge zu machen*: Ich mache Ihnen einen Vorschlag: …, Ich werde versuchen, schnell eine Lösung zu finden; Am besten wäre es, wenn …

4 Die Übergabe am Mittag vorbereiten

1a Mundhygiene durchgeführt, Zehen- und Fußnägel geschnitten, Rasieren selbstständig übernommen, mehrmals neu positioniert

1b wurde durchgeführt, wurden geschnitten, konnte übernommen werden, musste positioniert werden

1c 1.wurde … durchgeführt, 2. wurden … kontrolliert, 3. musste … aufgetragen werden, 4. wurde … unterstützt, 5. wurden … gewaschen, 6. wurden … übernommen, 7. wurde … informiert, 8. wurde abgeduscht, 9. wurden … gewechselt, 10. wollte … rasiert werden, 11. wurde … begleitet, 12. wurde … vorgenommen, 13. wurde … geschrieben,

14. wurde … besucht, 15. wurde … beschimpft … geschlagen

G Pflegebedürftigkeit

1 Kurzzeitpflege im Heim

1a Ella Franz (Herrn Deppes Tochter), Anton

1b 1a, 2b, 3a

1c 1. Betreuung, 2. Schwierigkeiten, 3. selbstständig, 4. Unterstützung, 5. Laufen, 6. Selbstversorgung, 7. Pflege, 8. Beratung

2 Über Pflegebedürftigkeit sprechen

1a 1. kochen, 2. duschen, 3. Treppen steigen, 4. einkaufen / Einkäufe tragen, 5. einnehmen, 6. sich anziehen, 7. den Blutdruck messen, 8. Anträge stellen

1b 1. kochen, 2. duschen, 3. steigen, 4. einzukaufen / tragen, 5. einzunehmen, 6. anzuziehen, 7. messen, 8. stellen

1c 1. zusammen zu kochen, 2. alleine duschen zu können, 3. alleine Treppen zu steigen, 4. alleine einzukaufen /die Einkäufe zu tragen, 5. meine Tabletten einzunehmen, 6. mich anzuziehen, 7. den Blutdruck zu messen, 8. diesen Antrag zu stellen

1d 1. Ich hoffe, bald wieder alleine duschen zu können., 2. Ich finde es schön, zusammen zu kochen., 3. Ich schaffe es nicht mehr, alleine einzukaufen., 4. Ich habe Angst, alleine Treppen zu steigen., 5. Ich habe vergessen, meine Tabletten ein**zu**nehmen. / Ich habe Schwierigkeiten, mich an**zu**ziehen.

1e 1. Mein Vater schafft es im Moment noch nicht, sich selbstständig zu versorgen., 2. Er hat noch Schwierigkeiten, zu laufen und sich sicher zu Hause zu bewegen., 3. Er schafft es auch nicht, einzukaufen und alleine zu duschen., 4. Es macht ihm Schwierigkeiten, alleine Treppen zu laufen., 5. Es fällt ihm schwer, Strümpfe und Schuhe alleine anzuziehen., 6. Er hat keine Probleme, sich zu orientieren und sich zu erinnern., 7. Er vergisst meistens nicht, seine Medikamente zu nehmen und den Blutzucker zu messen., 8. Es ist nicht leicht für ihn, um Hilfe zu bitten., 9. Er versucht, alles alleine zu machen.

1f 1. Die meisten älteren Menschen hoffen, dass sie sich möglichst lange selbst versorgen können., 2. Für viele ältere Menschen ist es wichtig, dass sie so lange wie möglich in ihrem Zuhause bleiben., 3. Vielen Pflegebedürftigen macht es Probleme, dass sie Unterstützung von Fremden annehmen müssen. 4. Ältere Menschen haben Angst, dass sie ihrer Familie zur Last fallen. 5. Für viele Betroffene ist es notwendig, dass sie ihr Zuhause pflegegerecht einrichten. / dass ihr Zuhause pflegegerecht eingerichtet wird.

2a *Verb*: unterstützen, versorgen, bewältigen, einstufen; *Adjektiv*: pflegebedürftig; *Nomen*: Laufen, Waschen, Einschränkungen, Einstufung, Pflegebedürftigkeit, Unterstützung, Hilfe

2b die, Laufen, das Waschen, eine, die Selbstständig**keit**

2c **Nominalisierte Verben:** die Unterstützung, das Unterstützen , das Pflegen; das Treppensteigen; das Waschen; die Selbstversorgung; die Einstufung , das Einstufen; das Helfen; das Stürzen; die Fortbewegung, das Fortbewegen; die Beeinträchtigung, das Beeinträchtigen; die Orientierung, das Orientieren; die Einschränkung, das Einschränken; die Bewältigung, das Bewältigen
Nominalisierte Adjektive: die Pflegebedürftigkeit, die Schwierigkeit, die Fähigkeit, die Machbarkeit, die Freundlichkeit, die Aufmerksamkeit

2d 1. Laufen, 2. Unterstützung, 3. Selbstversorgung, 4. Anziehen, 5. Duschen, 6. Bewältigung, 7. Messen, 8. Waschen, 9. Beeinträchtigung, 10. Orientierung

3 **Zum Antrag auf Pflegegrad beraten**

1a der Pfl**e**gedienst, die L**ei**stung der Pfl**e**gekasse, die Pfl**e**geberatung, der MD**K**, der G**u**tachter / die G**u**tachterin, die **Ei**nstufung auf Pfl**e**gebedürftigkeit, der **A**ntrag, der Pfl**e**gegrad, die Pfl**e**geversicherung, der Pfl**e**geversicherte / die Pfl**e**geversicherte

1b 1. Pflegedienst, 2. Einstufung auf Pflegebedürftigkeit, 3. Leistungen der Pflegekasse, 4. MDK, 5. Pflegegrad, 6. Antrag auf Pflegegrad, 7. Gutachter/Gutachterin

2a 1., 2., 4., 6., 7.

2b 1. Ich lege Ihnen die Unterstützung durch einen Pflegedienst zu Hause nahe., 2. Deshalb empfehle ich Ihnen die Beantragung von Leistungen der Pflegekasse., 3. Ich rate Ihnen auch, Ihren Anspruch auf Beratung durch einen Berater der Pflegekasse wahrzunehmen., 4. Ich rate Ihnen zu einer ehrliche**n** Beantwortung der Fragen des MDks., 5. Sehr empfehlenswert ist auch eine gute Vorbereitung auf das Einstufungsgespräch.

2c 1. Deshalb empfehle ich <u>Ihrem Vater</u> <u>die Antragstellung auf Pflegegrad</u>. 2. Ich rate <u>Ihnen</u> auch zu einem Gespräch mit einer geschulten Pflegefachberaterin. 3. Auch die Pflegekassen bieten <u>Pflegebedürftigen und ihren Angehörigen eine Beratung</u> an. 4. Ich lege <u>den Betroffenen</u> <u>eine gute Vorbereitung</u> auf dieses wichtige Gespräch nahe. 5. Wenn der MDK kommt, empfehle ich <u>Ihnen</u> <u>ein ganz normales Verhalten</u>.

3a 1. Ich rate Ihnen, dass Sie ein Pflegedienst zu Hause unterstützt., 2. Ich empfehle Ihnen, dass Ihre Tochter bei dem Termin mit dem MDK anwesend ist., 3. Ich schlage Ihnen vor, dass wir das Gespräch gemeinsam vorbereiten., 4. Es ist möglich, dass Sie sich im Internet über das Gespräch informieren., 5. Es ist empfehlenswert, dass Sie sich frühzeitig mit einem Pflegedienst vor Ort besprechen.

3b 1. Ich rate Ihnen →, dass Sie ein Pflegedienst zu Hause unterstützt. ↓
2.Ich empfehle Ihnen →, dass Ihre Tochter bei dem Termin mit dem MDK anwesend ist. ↓
3. Ich schlage Ihnen vor →, dass wir das Gespräch gemeinsam vorbereiten. ↓

4. Es ist möglich →, dass Sie sich im Internet über das Gespräch informieren. ↓
5. Es ist empfehlenswert →, dass Sie sich frühzeitig mit einem Pflegedienst vor Ort besprechen. ↓

4a 1. Sie bestellen das Antragsformular telefonisch bei der Pflegekasse oder holen es persönlich ab., 2. Sie füllen den Antrag aus und unterschreiben ihn., 3. Das Formular senden Sie an die Pflegekasse zurück., 4. Die Pflegekasse leitet den Antrag an den MDK weiter., 5. Der MDK schlägt einen Termin für ein Gespräch vor und schickt einen Gutachter.

4b 1. Zuerst bestellen Sie das Antragsformular telefonisch bei der Pflegekasse oder holen es persönlich ab. 2. Dann füllen Sie den Antrag aus und unterschreiben ihn., 3. Anschließend senden Sie das Formular an die Pflegekasse zurück., 4. Daraufhin leitet die Pflegekasse den Antrag an den MDK weiter., 5. Dann erst schlägt der MDK einen Termin für ein Gespräch vor und schickt einen Gutachter.

4c 1. Zum vereinbarten Termin, danach, anschließend, dann, im Anschluss

4d **Zum vereinbarten Termin** besucht der MDK den Pflegebedürftigen zu Hause und begutachtet vor Ort die Pflegebedürftigkeit. **Danach** schreibt der MDK sein Gutachten und gibt eine Empfehlung. **Anschließend** sendet er das Gutachten an die Pflegekasse. **Dann** entscheidet die Pflegekasse über die Einstufung des Pflegebedürftigen.
Im Anschluss benachrichtigt die Pflegekasse den Pflegebedürftigen über das Ergebnis der Einstufung.

4 **Weiterführende Informationen erklären**

1a 1. Was genau versteht man unter Pflegebedürftigkeit? 2. Was wird bei der Einstufung beurteilt? 3. Wie nimmt der Gutachter die Einstufung vor? 4. Wie viele Grade gibt es?

1b b eine Broschüre der Krankenkasse

1c 1. Was genau versteht man unter Pflegebedürftigkeit? → *Pflegebedürftig ist, wer körperliche, geistige oder seelische Beeinträchtigungen hat. Pflegebedürftig ist auch, wer gesundheitlich bedingte Belastungen oder Anforderungen nicht selbstständig bewältigen kann und deshalb Unterstützung benötigt.* 2. Was wird bei der Einstufung beurteilt? → *Was kann er oder sie noch alleine und wo benötigt er oder sie Unterstützung? …* 3. Wie nimmt der Gutachter die Einstufung vor? → *In einem Einstufungsgespräch betrachten die Gutachterinnen und Gutachter die Selbstständigkeit eines Menschen in sechs verschiedenen Bereichen, die für die Bewältigung des täglichen Lebens wesentlich sind.* 4. Wie viele Pflegegrade gibt es? → *Es gibt fünf Pflegegrade, die das Ausmaß der Pflegebedürftigkeit abbilden.*

2a 1. Sechs, 2. Gestaltung des Alltagslebens und soziale Kontakte, Mobilität, Kognitive und kommunikative Fähigkeiten / Verhaltensweisen und psychische Problemlagen, Selbstversorgung, Bewältigung von und selbstständiger Umgang mit krankheits- oder therapiebedingten Anforderungen und Belastungen. 3. Selbstversorgung

2b 1. Lebensbereichen, 2. gewichtet, 3. Selbstversorgung, 4. Körperpflege, 5. Mobilität, 6. Kognitive, 7. Psychische

5   Auf das Einstufungsgespräch vorbereiten

1a Mobilität

1b 1. Positionswechsel im Bett, 2. Fortbewegung innerhalb des Wohnbereichs, 3. Treppensteigen, 4. Umsetzen, 5. Halten einer stabilen Sitzposition

1c 1. selbstständig 2. überwiegend unselbstständig 3. überwiegend selbstständig 4. unselbstständig

1d Fähigkeit vorhanden / unbeeinträchtigt, Fähigkeit größtenteils vorhanden, Fähigkeit in geringem Maß vorhanden, Fähigkeit nicht vorhanden

Wichtige Wörter und Notizen

Wichtige Wörter und Notizen

Wichtige Wörter und Notizen

Audioimpressum

Sprecherinnen und Sprecher: Anne-Kathrin Bock, Christian Birko-Flemming, Silvia Carp, Heidi Plisch, Stefanie Plisch de Vega, Wolfgang Rositzka, Sion Schmidt, Sigrun Schumacher, Hans-Peter Stoll, Anke Stößer, Sophia Stößer, Sofi Vega, Ron Vodovozov

Tontechnik und Produktion: Gunther Pagel, Top10 Tonstudio, Viernheim

Alle Hördateien und die Transkriptionen sind digital verfügbar (siehe Seite 1).

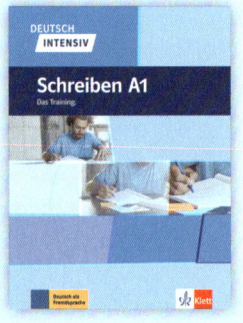